URSULA MUSCHELER

Mutter, Muse und Frau Bauhaus

Die Frauen um Walter Gropius

BERENBERG

1

In der folgenden Geschichte soll nicht Walter Gropius, der Bauhaus-Gründer, im Vordergrund stehen, er hat sich, ehrgeizig und selbstbewusst, zeitlebens selbst gehörig in Szene gesetzt. Vielmehr sollen hier einmal die behütende Mutter, die inspirierende Geliebte, die sorgende Ehefrau und was es sonst noch an weiblichen Wesen im Umfeld des Meisters gab ins Rampenlicht gestellt werden, damit sie auf ein paar Stunden die Aufmerksamkeit erfahren, die sie verdienen.

Keine Angst, es folgt kein voyeuristischer Blick durchs Schlüsselloch auf allzu private Szenen, nur hinter die Kulissen des großen Architekten auf die attraktiven, intelligenten, gebildeten, energischen, zärtlich geliebten Gehilfinnen, auf die Frauen, die Einfluss auf sein Denken und Handeln genommen, ihn gefördert und gefordert haben: Manon Gropius, Alma Mahler, Lily Hildebrandt, Maria Benemann und Ise Gropius.

Dieser Blick hinter die Kulissen erhebt nicht den Anspruch, eine neue Sicht auf Leben und Werk des Meisters zu eröffnen. Er soll hier einmal nur Mittel zum Zweck sein als ein Mann, der Frauen mit Talent und künstlerischen Ambitionen für sich zu gewinnen wusste. Unser Augenmerk richtet sich auf die Frauen selbst, um zu erfahren, wer sie waren, wie sie lebten, wen sie liebten, welche Ansprüche sie an das Leben stellten, welche Spuren sie hinterließen. Leider sind unserer Neugier enge Grenzen gesetzt, da vor allem die Briefe des Meisters an die Frauen und kaum ihre eigenen an ihn erhalten blieben. Einzige Ausnahme ist

Alma Mahler, der es gelang, eine eigenständige Bedeutung als Geliebte und Witwe bedeutender Männer zu gewinnen; viele ihrer Briefe sind noch vorhanden. Auch lebte sie lange genug, um sich und ihre Beziehung zu den jeweiligen Männern in das von ihr gewünschte Licht zu rücken.

Das Bild der anderen aber ist heute vor allem jenes Bild, das der Mann, den sie eine Zeitlang geliebt und begleitet haben, von ihnen zeichnete. Und da Walter Gropius als Partei nicht der verlässlichste Zeuge ist, kommen soweit möglich auch andere Stimmen zu Wort, in Form von Briefen, Tagebüchern, Autobiografien und Presseberichten.

2

Der kleine Walter versuchte sich auf dem Cello, denn es wurde zu Hause viel musiziert, und auf dem Zeichenblock, immerhin war der Vater Architekt, doch beides mit mäßigem Erfolg. Walter zeigte im Unterschied zu seiner älteren Schwester und seinem jüngeren Bruder keine besondere musische Begabung. Aber er besaß eine ganz andere, nicht weniger angenehme Eigenschaft: Er wusste andere für sich einzunehmen. Er war der erklärte Liebling der Großmutter Luise, geborene Honig, die ihn »Walty« zu nennen pflegte, und auch die Großtanten, von denen ihn eine großzügig in ihrem Testament bedachte, scheinen seinem Charme früh erlegen zu sein.

Walter war auch kein allzu erfolgreicher Schüler. Er besuchte eine private Grundschule, danach das humanistische Leibniz-Gymnasium, von dem er, da er sich schlecht behandelt fühlte, auf ein anderes wechselte. Insgesamt besuchte der sensible, verträumte, scheue Junge, als den ihn ein Familienfoto von 1892 zeigt, angelehnt an den Arm der Mutter, die sich ganz dem jüngeren Sohn zuwendet, vier oder fünf verschiedene

Walter Gropius (rechts) mit seinen Eltern, seiner Schwester Manon
und seinem Bruder Georg (1892)

Schulen. Als 1903 die Abiturprüfung anstand, er war nun fast zwanzig Jahre alt, erkrankte er. Großmutter Luise berichtete ihrem Sohn Erich: »Habe ich Dir von dem scheußlichen Pech erzählt, das unseren armen Walty heimgesucht hat? Er liegt seit dem 26. Januar mit einer schweren Influenza im Bett, dabei hätte er am 31. die schriftliche Prüfung gehabt, und in der nächsten Woche sollte es weitergehen ... Stand am Sonntag für ein paar Stunden auf, war aber sehr schwach. Ich besuchte ihn am Nachmittag und fand ihn grübelnd und bedrückt. Mein Gott, wie sehr fühle ich mit ihm! Der Rektor und seine Lehrer mögen ihn, aber werden sie ihn später prüfen dürfen? Er wird sehr schwach sein, weil er so wenig isst, Mund und Hals tun ihm sehr weh. Oh, mein armer Walty!«[1]

Der arme Walty durfte, die Lehrer mochten ihn ja, die Prüfung nachholen – es blieb im Übrigen die einzige, die er zeitlebens ablegte –, und bald konnte Großmutter Luise Sohn Erich die frohe Botschaft übermitteln: »Ich bin heute glücklich, zufrieden, zuversichtlich und besonders dankbar, weil gerade eben mein geliebter Walty hier war, zum ersten Mal groß im langen Mantel statt in seinem lässigen Jackett, und er kam von der Reifeprüfung, die er sehr gut bestanden hat. Er war schrecklich glücklich, der junge Student! Rektor und Lehrer waren bei der Prüfung außerordentlich gnädig gewesen, voller Mitleid, weil er doch solches Pech gehabt hat, aus Krankheitsgründen ... Ich bin außerordentlich glücklich, dass dieser geliebte Junge diese erste der vielen Prüfungen, die das Leben mit sich bringt, so leicht, mit solchem Glück bestanden hat. Er war zuerst sehr nervös heute, wurde dann aber immer ruhiger, bis er endlich ganz ohne jede Angst war.«[2]

Der kleine Walter mag nicht zuletzt aus der unbedingten Liebe der Großmutter Luise das ausgeprägte Selbstwertgefühl geschöpft haben, das auch den großen Gropius ein Leben lang nicht verließ und schließlich zum Erfolg führte. Hinzu kam die tatkräftige Förderung durch Mutter Manon, auch wenn diese ihn nicht ganz so vorbehaltlos anhimmelte wie die schwärmerisch veranlagte Großmutter, sondern Leistung forderte.

Die 1855 geborene Manon Auguste Pauline Gropius entstammte der hugenottischen Familie Scharnweber, die Ende des 17. Jahrhunderts aus Frankreich geflohen war und sich im protestantischen Brandenburg niedergelassen hatte. Die Familie war wohlhabend und angesehen. Manons Großvater Christian Friedrich, der zu den Reformern um Hardenberg gehört und die große Landeskultur-Gesetzgebung Preußens auf den Weg gebracht hatte, war preußischer Staatsrat, ihr Vater Georg, ein studierter Jurist, Landrat des Nieder-Barnimer Kreises und Besitzer des Rittergutes Hohenschönhausen in Barnim. Manon war das einzige überlebende Kind.

Obwohl sie der häufige Schulwechsel hätte bedenklich stimmen müssen, bestand Manon Gropius wie auch ihr Mann, als Walter Architekt werden wollte, auf einem Universitätsstudium, und so immatrikulierte er sich nach glücklich bestandener Matura für das Sommersemester an der Technischen Hochschule München. Er bezog eine kleine Wohnung in der Theresienstraße, in die er bald ganz verliebt war. Sie sei entzückend und der Neid seiner Freunde, schrieb er der Mutter, auch mit den Studien komme er gut voran. »Vormittags modelliere ich jetzt mit großem Fleiß einen fast lebensgroßen, antiken weiblichen Torso, nachdem ich den männlichen in Plastilin vor drei Tagen zur Zufriedenheit des Professors beendet habe. Es macht mir viel Spaß und geht mir vorläufig besser von der Hand als das Zeichnen.«[3]

Walter blieb nicht lange in München. Als sein jüngerer Bruder Georg, ein begabter Junge, auf dem die größten Hoffnungen der Familie ruhten, schwer erkrankte, kehrte Walter im Juli 1903 nach Berlin zurück, um der Familie beizustehen. Er arbeitete vorübergehend als Praktikant im Büro der Architekten Hermann Solf und Franz Wichards, die mit der Familie befreundet waren. Eigentlich hatte er sich als Einjährig-Freiwilliger bei einem vornehmen Kavallerieregiment bewerben wollen, doch die Eltern, die in tiefer Sorge am Krankenlager weilten, waren zu einer Entscheidung nicht im Stande.

Erst nach dem Tod des Bruders im Januar 1904 stimmten die Eltern zu. Gropius bewarb sich beim Kavallerieregiment der Wandsbeker Husaren und wurde aufgenommen. Er trat seinen Dienst im Herbst an, wohlgerüstet, wie ein Bild zeigt, auf dem ein junger Mann in einer tadellos sitzenden dunklen, mit hellen Schnüren besetzten Jacke, dunklen Reithosen und schwarzer Mütze aus Seehundsfell zu sehen ist, der mit knappem Oberlippenbärtchen und abstehenden Ohren blasiert in die Welt schaut. Stolz und tapfer berichtete Gropius der Mutter aus der Kaserne: Seine Uniformen säßen ganz famos, er werde sehr elegant darin aussehen. Er fühle sich ausgezeichnet und gehe ohne jede Furcht den Strapazen entgegen.

Da bei den Wandsbeker Husaren sonst nur Adelige aufgenommen wurden, gehörte Gropius wie sein Freund, »der kleine Dr. Lehmann«, wie er ihn nannte, Spross einer jüdischen Kaufmannsfamilie aus Köln, zu den Außenseitern des Regiments. Umso mehr war er bemüht, sich durch eine betont forsche Haltung und tadellose sportliche Leistung auszuzeichnen und außerhalb der Kaserne gesellschaftliche Anerkennung zu erringen. In den Briefen bat er die Mutter immer wieder um Empfehlungen für den ausgedehnten Verwandten- und Bekanntenkreis der Familie in Hamburg und Umgebung. Sie möge doch bald Tante Lisbeth bitten, an Graf Hoffmannsegg zu schreiben. Er lerne jetzt, von welch immenser Bedeutung Beziehungen seien, sie könnten ihm sehr nützen. Er sei freilich auch ohne sie sehr angesehen, habe neulich beim Reiten eine Belobigung erhalten, die vor den Offizieren viel Eindruck gemacht und dazu geführt habe, dass er seitdem nur noch mit Glacéhandschuhen angefasst werde.

Die ausführliche Schilderung seiner Erfolge in der Hamburger Gesellschaft wie im Dienst sollte die Familie, die zwar wohlhabend, aber nicht reich war und die sein Husarenleben teuer zu stehen kam, wohl etwas über die hohen Kosten hinwegtrösten und zudem mit den militärischen Ambitionen des Sohnes aussöhnen, denen vor allem der Vater, der von seinem Einsatz im Krieg von 1870 im Familienkreis beharrlich schwieg, kritisch gegenüberstand. Einzig Großmutter Luise war ohne Vorbehalt stolz auf ihren Walty: »Wes das Herz voll ist, des gehet der Mund über, will sagen, er ist voller Liebe für Dich, mein liebes altes ›Dickchen‹ oder ›Husarenenkelchen‹! Da ich nicht weiß, ob Du wie Dein lieber, drolliger Vater sagen würdest: ›Aber Du sollst mich doch nicht so sehr lieben!‹, gebe ich mich mit meiner Unwissenheit zufrieden und liebe Dich weiter so schrecklich wie zuvor. Das tat ich schon am 18. Mai 1883, als morgens – es war ein Freitag – die Botschaft aus der Genthinerstraße eintraf: ›Ein Sohn ist geboren!‹ Die Freude hat wie ein Funke vom Himmel ein Feuer in mir entzündet, das seitdem immer glüht und glüht, ohne je zu flackern«.[4]

Die Eltern aber blieben skeptisch, umso mehr als fast jeder Brief des forschen Husaren an die Mutter von Geld handelte, da dieser mit seinen monatlichen Bezügen nicht auskam – ein Zustand, der wie das rechtzeitige Eintreffen glücklicher Zufälle sein Leben bestimmen sollte. Ihn quäle der Gedanke, schrieb er der Mutter, dass er diesen Monat wieder nicht über die Runden komme. Angesichts der Nervosität des Vaters sei es ihm fürchterlich, um Geld bitten zu müssen, und sie könne sicher sein, dass er es nur im äußersten Fall tue. Er sei, das wisse sie, kein Verschwender, noch nie gewesen, und er versage sich fast alles, um mit dem wenigen Geld, das er erhalte, auszukommen. Er werde noch ganz melancholisch wegen des verfluchten Mammons und ihres völligen Unverständnisses für seine schwierige Lage. Ihr Brief habe ihn ganz unglücklich gemacht, vor allem weil er so misstrauisch klinge. Sie glaube gar nicht, wie er wirtschaften müsse und was er sich alles abgehen lasse.

Walter Gropius als Student (1905)

3

Nach seinem Abschied von den Husaren nahm Gropius auf Drängen der Eltern im Herbst 1905 das Studium der Architektur wieder auf, diesmal an der Technischen Hochschule Berlin-Charlottenburg. Die Eltern waren über die Wahl des Studienortes vermutlich froh und hofften, in räumlicher Nähe mehr Einfluss auf den in ihren Augen etwas leichtlebigen Sohn nehmen zu können. Vergebens. Bald zogen erste Aufträge aus dem pommerschen Zweig der Familie die Aufmerksamkeit des jungen Filou vom Studium ab. Sie kamen von Onkel Erich, der offensichtlich die Vorliebe der Großmutter Luise für Walty teilte. Er ließ sich von dem jungen Neffen für sein Gut in Janikow einen Kornspeicher und ein Waschhaus errichten und vermittelte weitere Aufträge aus dem Umkreis der Gutsherrschaften. Ein Foto zeigt den 22-Jährigen mit kurz geschorenen Haaren, die seine abstehenden Ohren gut zur Geltung bringen, in dunklem Anzug mit hochschließender Weste und vor der Brust verschränkten Armen selbstbewusst in die Zukunft blickend.

Stolz berichtete Walter der Mutter, dass er dabei sei, in Pommern ein bekannter Mann zu werden. Er wollte sie wohl beruhigen, denn allen elterlichen Ermahnungen zum Trotz betrieb Walter das Studium nur nebenbei, auch plagten ihn nach wie vor Geldsorgen. Er unterschätze nicht ihren berechtigten Ärger, aber sie solle doch nicht das Vertrauen in ihn verlieren, bat er die Mutter, er habe sich diesmal einfach verkalkuliert. Von jetzt an werde er sehr frugal leben und auch das Studium fleißig fortsetzen: »Meine privaten Sachen sind nun soweit gediehen, dass ich mich mit Effort auf die Erledigung der Hochschulzeichnungen geworfen habe. In den Collegs kann ich nach der langen Pause nicht mehr folgen, sie sind überhaupt außer für Genies illusorisch; ich gehe nicht mehr hin und arbeite alles nach Collegheften durch. Vor Statik graut mir am meisten.«[5]

Angesichts der Halbherzigkeit, mit der Walter das Studium betrieb, als wolle er den akademischen Anforderungen ausweichen, blieb die Mutter beunruhigt, obwohl er sie immer wieder von seiner Sicht der Dinge zu überzeugen suchte und sich über ihr mangelndes Vertrauen beklagte: »Es tut mir leid, liebe Mutter, dass Du Dich nun wirklich in ein derartiges Misstrauen hineingeredet hast, dass Du meinen Gedankenkreis so gänzlich aus den Augen verloren hast und alles, was ich jetzt tue, missdeutest.«[6]

Ihr Argwohn sei um so weniger gerechtfertigt, als er sich nun seiner selbst viel sicherer und fürs Leben gewappnet fühle, was er nicht erreicht hätte, wenn er dem Vorbild des allzu bedächtigen Vaters gefolgt wäre. Von ihm, dem Vater, habe er jedenfalls nicht gelernt, auch einmal anderen auf die Zehen zu treten. Zudem sei er jung, wolle seine Zeit nutzen und nicht sauertöpfisch leben wie der Vater. Umso schmerzlicher empfinde er, dass die Mutter, die doch vom gleichen zupackenden Schlage sei wie er, ihn so gar nicht verstehen wolle.

Nach der geschickten Anspielung auf ihre enge Verbundenheit und Überlegenheit über den Vater ließ ein versöhnlicher Brief der Mutter nicht lange auf sich warten, auch wenn sie Walter weiterhin zur Fortsetzung des Studiums anhielt. Sie mahnte, erinnerte, sammelte Bücher und Artikel über Architektur und machte ihn auf Vorträge bekannter Architekten aufmerksam. So kehrte Walter im Wintersemester 1906 noch einmal an die Hochschule zurück, obwohl er sich längst darüber im Klaren war, dass er das Studium nicht zu Ende bringen würde. Er fand es langweilig und schwierig, abgehoben und wirklichkeitsfern und glaubte seinen Weg durch praktische Erfahrung schneller und besser finden zu können.

Als das Legat einer Großtante ihm eine beträchtliche Summe bescherte, beschloss er kurzerhand, ohne Abschluss von der Hochschule abzugehen und mit dem gleichaltrigen Jugendfreund Helmuth Grisebach, Neffe des bekannten Architekten Hans Grisebach, der 1888 das

Sommerhaus der Familie Gropius am Timmendorfer Strand entworfen hatte, eine einjährige Studienreise nach Spanien zu unternehmen.

Die Reise verlief angenehm. Stolz berichtete Walter den Eltern von der Bekanntschaft mit entzückenden Frauen, weitgereisten Junggesellen und erfolgreichen Kaufleuten, denen er in seinen schönen Anzügen als vollendeter Weltmann begegne. Alles war gut bis auf die Trägheit des Reisegenossen, über die sich Gropius immer wieder beklagte. Erst als Grisebach glaubte, einen echten Murillo zum Schnäppchenpreis erstanden zu haben, stieg er in der Wertschätzung des Freundes. Nach einigen intensiven Stunden im Prado und weiteren vermeintlich günstigen Kunstkäufen beschlossen die beiden, die sich nun für gewiefte Kenner hielten, die Sache groß aufzuziehen, in den Antikengeschäften auf Schatzsuche zu gehen und größere Summen zu wagen.

Walter bat die Mutter um finanzielle Unterstützung des vielversprechenden Unternehmens, und er tat dies wieder einmal sehr geschickt, mit einem Seitenhieb auf den Vater und die Familie Gropius. »Ich hoffe, Du wirst noch einmal stolz sein auf diese Sache. Lass mich ruhig etwas unternehmungslustiger sein als Vater, nur wer wagt, gewinnt, und die Gropius konnten nie wagen. Ich bin voller Zuversicht, ohne meine Ruhe zu verlieren. Sage nicht nein Deinem Sohn.«[7]

Eine erstaunliche Einschätzung der Familie Gropius. Immerhin war der Vater Königlicher Baurat am Polizeipräsidium in Berlin und sollte wenige Jahre später bei seinem Abschied vom Dienst zum Geheimen Baurat ernannt werden und die Ehrendoktorwürde erhalten. Walters Großonkel Martin Gropius schuf als Architekt einige architektonisch bedeutende Villen und Krankenhäuser, vor allem aber das Königliche Kunstgewerbemuseum, den heutigen Martin-Gropius-Bau. Carl Gropius, ein Vetter Martins, war ein bekannter Landschaftsmaler und betrieb in Berlin lange Jahre ein beliebtes Diorama.

Doch der Brief zeigte Wirkung. Die Mutter überwies dem unternehmungslustigen Sohn Geld aus dem Erbe seiner Großtante und, um den

Vater nicht zu beunruhigen, aus ihrer Privatschatulle, die gut bestückt war, da sie als einzige Erbin ihres Vaters das Gut Hohenschönhausen geerbt hatte. Das Geschäft ging jedoch gründlich schief. Die so günstig gekauften Werke waren laut Expertise Pariser Kunsthändler durchaus nicht mehr wert, als sie gekostet hatten, vielleicht sogar weniger, und über die ganze Angelegenheit wurde brieflich kein Wort mehr verloren.

In Madrid traf Gropius Anfang 1908 Karl Ernst Osthaus, den Sammler und Gründer des Hagener Folkwang-Museums. Osthaus riet dem strebsamen jungen Mann, sich nach seiner Rückkehr bei Peter Behrens, der im Jahr zuvor Architekt und künstlerischer Berater der AEG geworden war, als Mitarbeiter zu bewerben, und schrieb ihm einen Empfehlungsbrief. Einige Wochen später stellte sich Gropius bei Behrens vor und wurde eingestellt.

Bald war Gropius im Hause Behrens und in dessen Atelier, dem Erdmannshof in Babelsberg, ein gern gesehener Gast. Er wusste sich beim Hausherrn und dessen Frau Lilli durch allerlei Freundschaftsdienste unentbehrlich und bei der Tochter Petra durch Tennisstunden beliebt zu machen. Die Tennisstunden allerdings strengten die Handgelenke so sehr an, dass seine schon von Haus aus nicht besonders ausgeprägte Zeichenfähigkeit weiter nachließ. Ein Mangel, der sich von Anfang des Studiums an bemerkbar gemacht hatte, wie er der Mutter mehr als einmal bekümmert gestand, und der ihn bisweilen an seiner Berufswahl zweifeln ließ. Er bekomme beim Zeichnen sofort einen Krampf in der Hand und müsse sich schon nach fünf Minuten ausruhen. »Meine absolute Unfähigkeit, auch nur das einfachste aufs Papier zu bringen, trübt mir manches Schöne und lässt mich oft mit Sorgen auf meinen zukünftigen Beruf sehn. Ich bin nicht imstande einen geraden Strich zu ziehen.«[8]

Mangelnde Zeichenfähigkeit war nicht sein einziges Problem, wie sich zeigte, als Behrens den jungen Mitarbeiter wohl aufgrund der baupraktischen Erfahrungen in Pommern und der Bekanntschaft mit Osthaus als Bauleiter für die Villen Cuno und Schroeder in Hagen einsetzte.

Denn nun machten sich auch die mangelhaften Kenntnisse hinsichtlich Statik und Bautechnik unangenehm bemerkbar: Bei beiden Häusern traten massive Bauschäden auf. Als Behrens die Fehler dem jungen Mitarbeiter zur Last legte, kam es zum Streit, und Gropius verließ im März 1910 dessen Atelier, nicht ohne sich gegenüber Osthaus von jeder Schuld freizusprechen.

Gropius beschloss nun, sich endgültig selbständig zu machen. Er erhielt neue Aufträge aus dem Kreis der Pommerschen Gutsbesitzer und verpflichtete als Mitarbeiter den akademisch gut ausgebildeten Adolf Meyer, den er bei Behrens kennengelernt hatte. Als die ersten Aufträge abgearbeitet waren und neue nicht hereinkamen, verfiel Gropius auf die Idee, einen Vorschlag zur Gründung einer Hausbaugesellschaft auszuarbeiten, die Häuser in rationalisierter Fertigung errichten sollte. Diesen erlaubte er sich Walther Rathenau zu überreichen, dem Aufsichtsratsvorsitzenden der AEG, den er ebenfalls über Behrens kennengelernt hatte, in der Hoffnung, das Unternehmen für eine solche Neugründung interessieren zu können. Ein etwas fragwürdiges Vorgehen, weil sich auch Behrens mit Fragen des kostengünstigen Wohnungsbaus für breitere Schichten befasste und gerade an einer Gartenstadt für die Beamten und Arbeiter der AEG in Henningsdorf arbeitete.

4

All das hatte die Kräfte des nun 27 Jahre alten Architekten so sehr erschöpft, dass er einer Kur bedurfte. Er begab sich nach Tobelbad bei Graz in der Steiermark, das gerade dabei war, zum beliebten Bad der deutschen und österreichischen Aristokraten, Großbürger und Künstler zu werden, nachdem der Erfinder und Unternehmer Gustav Robert Paalen das dortige Kurhotel 1909 erworben, restauriert und erweitert

Alma Mahler (1909)

hatte. Die Behandlung erfolgte nach der physikalisch-diätetischen Heilmethode des Dresdner Arztes Heinrich Lahmann, der auf ausgewogene Ernährung, Dampf- und Lichtbäder, Wasserkuren und Freiluftgymnastik setzte. Die im Mai 1910 im *Berliner Tageblatt* geschaltete Anzeige versprach »mildes Klima bei kräftiger Waldluft, die von ausgedehnten Fichtenwäldern mit Ozon gesättigt wird. Einheitspreise garantiert«.

In Tobelbad lernte der gut aussehende und elegant gekleidete Gropius am 4. Juni 1910 Alma Mahler kennen, die Ehefrau des Komponisten und Dirigenten Gustav Mahler, die mit Tochter und Gouvernante eine sechswöchige Kur absolvierte. Auch die 30-jährige Alma benötigte, obwohl auf der Höhe ihrer imponierenden Schönheit, aufgrund häufiger Unpässlichkeiten und Stimmungsschwankungen therapeutische Anwendungen.

Als Alma und Walter Gropius vom Leiter des Sanatoriums einander vorgestellt wurden, begann eine *Amour fou*, die nicht ohne Folgen bleiben sollte. Almas Briefe an Mahler wurden plötzlich so spärlich, dass dieser sich sorgte. Ob denn alles in Ordnung sei, er spüre da etwas zwischen den Zeilen der wenigen Briefe heraus. Eine Woche später kam er, um selbst nach dem Rechten zu sehen, und reiste, erfolgreich getäuscht, beruhigt wieder ab. Mitte Juli ging die Kur für Alma zu Ende. Sie fuhr nach Toblach, wo die Familie Mahler seit zwei Jahren ihren Sommerurlaub zu verbringen pflegte, während Gropius allein in Tobelbad zurückblieb.

Bald kam es, wie es kommen musste: Die Affäre, postalisch aufs Eifrigste fortgesetzt, flog auf. Von den leidenschaftlichen Briefen, die Gropius an Alma sandte, adressierte er einen an »Herrn Gustav Mahler«. Bis heute ist ungeklärt, ob es mit Absicht oder aus Versehen geschah. Gropius bestand zeitlebens auf einem Versehen, während Alma »jugendlichen Fieberwahn« dahinter vermutete. Da Gropius auch bei einer späteren Beziehung zu einer verheirateten Frau den Drang verspürte, mit dem Ehemann persönlich Kontakt aufzunehmen, ist allerdings Absicht nicht auszuschließen. Merkwürdig bleibt auch, warum Alma, die dazu Gelegenheit gehabt hätte, den Brief, dessen Handschrift sie erkannt haben musste, nicht aus der Post des ahnungslosen Ehemannes entfernt hatte.

Nach der Entdeckung forderte Alma von Gropius Vorschläge zu ihrer Rettung. Die Situation sei für sie ganz fatal. Da das Verhältnis quasi durch Zufall herausgekommen sei und nicht durch ein offenes Geständnis ihrerseits, habe ihr Mann nun jedes Vertrauen in sie verloren. Er müsse ihr sofort schreiben, dürfe aber auf keinen Fall nach Toblach kommen. Sehnsüchtig erwarte sie seinen Brief.

Erhoffte sich Alma wirklich Rettung von Gropius, von dem sie inzwischen wissen musste, dass er trotz seiner exklusiven Kurortwahl noch nicht in gesicherten materiellen Verhältnissen lebte und der anspruchsvollen Geliebten außer seinem Herz nur wenig zu bieten hatte? Oder wollte sie nur andeuten, dass sie das Verhältnis zwar gerne fortsetzen würde, vorerst aber bei Mahler bleiben müsse, da keine Rettung in Sicht war?

Gropius könnte geahnt haben, dass der weltgewandten und statusbewussten Alma ein heimliches Dreiecksverhältnis nicht unlieb gewesen wäre, und vielleicht war die falsche Adressierung des Briefes der Versuch, eine Klärung der für ihn unbefriedigenden Situation herbeizuführen, denn nach der Entdeckung bedrängte er Alma, er wolle Mahler von Mann zu Mann gegenübertreten. »Dein Brief macht mir grausige Angst um Euch. Keine Tragödie! Ich werde irrsinnig, wenn Du mich nicht rufst, ich will mich selbst vor Euch rechtfertigen und das Rätsel lösen zu helfen.«[9]

Welches Rätsel Gropius lösen und welche Tragödie er verhindern wollte, ausgerechnet er, der Verursacher des ganzen Dramas, können wir nur vermuten. Das Rätsel plötzlicher Liebe? Die Tragödie endgültiger Trennung? Was wir aber wissen, ist, dass Gropius, entgegen Almas Wunsch, sofort nach Toblach reiste und sich so auffällig unauffällig verhielt, dass Mahler nichts anderes übrig blieb, als den jungen Mann zu empfangen. Als alter Husar setzte Gropius nun auf kühnen Sturmangriff und forderte Mahler auf, sich von seiner jungen Frau zu trennen, damit er selbst sie heiraten könne. Mahler antwortete nicht, sondern stellte Alma vor die Wahl, ihn zu verlassen oder bei ihm zu bleiben unter der Bedingung, die Beziehung zu Gropius abzubrechen. Alma blieb, und Gropius reiste ab.

Vorher aber schrieb er Mahler noch einen merkwürdigen, etwas aufdringlich-anbiedernden Brief: »Wir hatten uns leider eben ja nur so wenig zu sagen – es schmerzt mich, dass ich Ihnen nur wehe tun kann. Lassen Sie mich Ihnen wenigstens noch danken für die Noblesse, mit der Sie mir entgegenkamen, und Ihnen ein letztes Mal die Hand drücken.«[10]

Gropius darf man wohl zu den Männern zählen, zu deren Liebesbedingungen, wie Freud konstatiert, notwendig die des »geschädigten Dritten« gehört. Dieser Typ Mann werde niemals ein Weib zum Liebesobjekt wählen, welches noch frei sei, sondern nur eines, auf das ein anderer Mann »Eigentumsrechte« geltend machen könne. Diese eigentümlich bestimmte Objektwahl entspringe der infantilen Fixierung der Zärtlichkeit auf die Mutter und stelle einen der Ausgänge aus dieser Fixierung dar. Die späteren Liebesobjekte würden zu »Muttersurrogaten« und ihre Ehemänner wie der Vater, dem einst die Mutter gehörte, zu Rivalen, die es, wenn auch mit gebotenem Respekt, zu besiegen gelte.

Alma blieb zwar bei Mahler – der sich in seiner Angst, sie zu verlieren, für die Lieder, die sie vor der Ehe komponiert hatte, zu interessieren begann und sie zu publizieren versprach –, gab den jungen Liebhaber aber nicht auf. Weitere Briefe gingen postlagernd oder über Almas Mutter Anna Moll hin und her. Alma sehnte sich nach dem dauernden Besitz des Geliebten. Er müsse wissen, dass sie ihn liebe, dass er ihr einziger Gedanke bei Tag und bei Nacht sei und sie für die Zukunft nichts anderes wünsche, als sein zu werden und zu bleiben. Doch verlange sie danach, zu erfahren, wie er sich eine gemeinsame Zukunft vorstelle, wie er seine Karriere vorantreiben und ihr Zusammenleben einrichten wolle, wenn sie sich einmal für ihn entscheiden würde. »Ach – wenn ich daran denke – mein Walter, dass ich Deine starke Liebe für mein ganzes Leben nicht mehr haben sollte! Ach Du – hilf mir – ich weiß nicht, was ich tun soll – wozu ich das Recht habe.«[11]

Doch Gropius wusste keinen Rat. Noch war er nicht mehr als ein Talent. Noch hatte er wenig Aufträge. Noch sah er keine Möglichkeit, genug Geld zu verdienen, um Alma befriedigende Vorschläge machen zu können. Vielmehr erhoffte er von ihr tatkräftige Hilfe bei der Überwindung der vor ihm liegenden beruflichen und finanziellen Hindernisse. Er werde jetzt jeden Groschen sparen, so schrieb er der Geliebten, dritter Klasse fahren und viel zu Fuß gehen. Dies alles sei ihm gleichgültig. Er wolle die vor ihm sich auftürmenden Berge überklettern, denn er habe keine Lust, sich zu Boden drücken zu lassen, und sie solle ihm dabei helfen.

Wie er sich diese Hilfe vorstellte, deutete er einige Zeit später an. Zunächst bat er sie um Rat, wie mit der Idee der Gründung einer Hausbaugesellschaft zu verfahren sei. Er habe naiverweise Behrens seine Ideen einst ausgeplaudert und nun, da dieser sie aufgegriffen, stehe er vor der Frage, ob er diesem seine eigenen Absichten in der Sache überhaupt mitteilen müsse. Er habe eigentlich nicht mehr den Wunsch, große Rücksichten auf Behrens zu nehmen. Dann kam er auf sein eigentliches Anliegen zu sprechen. Er frage sich, ob nicht vielleicht Wien, wo eine große Wohnungsnot herrsche, der geeignete Ort zur Verwirklichung seiner Ideen sei. Jedenfalls wolle er mit aller Macht diesen Weg beschreiten, um eine lebensfähige und ideell wertvolle Position zu erringen. Er brauche dazu einen zweiten jungen Mann, einen Kaufmann aus guter Familie, der Takt besitze, der Idee verständnisvoll gegenüberstehe und eigenes Kapital riskieren könne.

Alma versprach, über den ausgedehnten Bekannten- und Freundeskreis ihres Stiefvaters Carl Moll in Wien nach einem solchen Mann suchen zu lassen. Die Suche blieb jedoch bereits in den Anfängen stecken, da Alma bald das Interesse an dieser ihr fernliegenden Angelegenheit verlor. Stattdessen bat sie Gropius um Vorschläge hinsichtlich der Planung eines Landhauses auf dem Semmering, das sie bei einem ortsansässigen Baumeister in Auftrag gegeben hatte. Sie wünsche einige Details nach seinem Entwurf in ihrem späteren Haus.

5

Alma und Gropius trafen sich weiter heimlich und schrieben einander in der Zwischenzeit leidenschaftliche Briefe. Alma in großer, schwungvoller Handschrift und lila Tinte an Gropius: »Wann wird die Zeit kommen, wo Du nackt an meinem Leib liegst, wo uns nichts trennen kann – als höchstens der Schlaf?«[12] Gropius an Alma: »Mein Lebensglück, zum ersten Mal saß ich wieder über meine Denkmalsarbeit versunken – da kam Dein Brief! Auf den Knien bin ich vor Dir gelegen, Du Wahrheit, und habe dankerfüllt zu Dir aufgeschaut … Was wir zusammen erleben, ist das allergrößte, höchste, was Menschenseelen begegnen kann.«[13]

Als Alma ihren Ehemann zu den Proben für die Uraufführung der Siebten Symphonie Anfang September nach München begleitete, bat sie Gropius, zum Rendezvous ins Regina-Palast-Hotel am Maximiliansplatz zu kommen. Als Alma wenige Wochen später mit Mahler nach New York reisen wollte, wo dieser wie jedes Jahr die New Yorker Philharmoniker dirigieren sollte, fuhr sie auf getrenntem Weg nach Bremen, wo der Luxusdampfer *Kaiser Wilhelm II.* zur Abfahrt bereit stand, und bestellte Gropius nach München, um mit ihm weiter nach Paris zu fahren, wo sie, wie sie Mahler gegenüber vorgab, Freunde besuchen wollte. Sie reise, so schrieb sie Gropius, Freitag den 14. Oktober um 11.55 Uhr vormittags mit dem Orientexpress von München ab. Ihr Coupée-Bett habe die Nummer 13, im zweiten Waggon. Es wäre gut, das Billett auf den Namen »Walter Grote« aus Berlin ausstellen zu lassen, für den Fall, dass Mahler, der zwei Tage später fahre, sich die Liste zeigen lasse.

Alma blühte sichtbar auf, was Mahler nicht verborgen blieb. Sie sehe, teilte er der Schwiegermutter aus New York erfreut mit, täglich jünger aus. Da er nichts von der fortgesetzten Untreue wusste, sah er den Grund allein darin, dass Alma das Komponieren wieder aufgenommen hatte. Fleißig sei sie und habe ein paar neue reizende Lieder gemacht, die von einem großen kompositorischen Fortschritt zeugten.

Während Alma in New York weilte, reiste Gropius nach Wien, um ihre Mutter für sich zu gewinnen. Es gelang ihm so sehr, dass er Anna Moll brieflich dafür danken konnte, ihn liebevoll wie eine Mutter behandelt zu haben. Anna Moll, die ihren ersten Mann und Almas Vater, Emil Schindler, mehrfach betrogen und viel Erfahrung in Sachen ehelicher Heimlichkeiten hatte, tröstete Gropius und riet ihm zur Geduld. Man könne jetzt gar nichts tun, man müsse alles dem Lauf der Dinge überlassen. Sie glaube fest, dass ihre Liebe alles überdauern werde. Sie habe Vertrauen in ihn und sei überzeugt, dass er alles tun werde, ihr Kind nicht noch unglücklicher zu machen.

Alma und Gropius folgten dem Rat und ließen sich Zeit, auch wenn sie sich vom geduldigen Abwarten Unterschiedliches erhofften. Alma wünschte, dass Gropius bald so »selbststehend« in der Welt sein würde, dass er sie zu sich rufen könne, denn sie war nicht bereit, in kleinere als die gewohnten Verhältnisse mit großem Haushalt, Dienstmädchen und Gouvernante zu wechseln, und erwartete Erfolg. »Je mehr Du bist und leistest, desto mehr wirst Du mir sein!!«[14]

Gropius hoffte, dass Alma sich doch noch bedingungslos für ihn entscheiden und ihm helfen würde, seine Potentiale zu entwickeln, alles an Großem aus ihm herauszuholen, was in ihm lag. Es gäre, so ließ er die Geliebte wissen, gewaltig in ihm.

Und nun geschah das Unglaubliche. Der erst 50-jährige Mahler erkrankte und starb am 18. Mai 1911. Alma und Gropius trafen sich wieder im August in Wien, doch es wurde kein glückliches Wiedersehen. Als Alma gestand, dass sie Mahler in den letzten Tagen seines Lebens wieder ganz als Frau getröstet habe, reagierte Gropius verständnislos. Er fühle sich in seiner Ehre gekränkt, schrieb er Alma aus dem Hotel Kummer, es sträubten sich ihm die Haare, wenn er an das Entsetzliche denke. »Ich hasse es für Dich und mich, und ich weiß mit aller Bestimmtheit, dass ich für Jahre Dir treu bleiben muss. Aber diese Verdammnis ist nicht das schlimmste für mich, sondern dass mir die Begeisterung, der Glaube an mich selbst genommen ist ... Der einzige Trost, an den ich mich zu klammern suche, ist der, dass ich zwei herrliche Menschen wie Euch in ihrem Leben weitergebracht habe.«[15]

Enttäuscht, dass Alma nicht dem Ideal der ausschließlich ihn liebenden Gefährtin entsprach, das er in ihr gesucht hatte, und beschämt von ihrer »Untreue« ging Gropius auf Distanz. Ein Treffen Ende September in Berlin sagte er ab.

Als sich zu dem Liebesschmerz und der narzisstischen Kränkung noch körperliche Schwäche und Zahnschmerzen gesellten, begab sich Gropius erneut ins Sanatorium, diesmal direkt in die von Heinrich Lahmann im Kurort Weißer Hirsch bei Dresden gegründete physiatrische Heilanstalt. Es wurde nach dem frühen Tod des Arztes von der Familie weitergeführt und erfreute sich eines weltweiten Rufes. Jährlich pilgerten etwa 7000 wohlhabende Patienten, darunter prominente Künstler, schwerreiche Industrielle, alte Adelige und hohe Militärs, an den Ort der Heilung, wo Holzhacken im Hof, Sonnenbäder auf der Dachterrasse und reizarme vegetarische Kost auf ihre von allzu viel Wohlleben gezeichneten Körper warteten.

Ohne sein eigentliches Leiden zu erwähnen, meldete Gropius der Mutter: Es gehe ihm ganz gut, aber er merke, wie matt er sei und wie nötig er eine Ausspannung habe. Er mache recht einsame Spaziergänge im herrlichen Waldpark, auf denen er sich selbst innerlich näher komme. Sie solle doch Adolf Meyer, der sich im Atelier ganz alleine herumschlage, einmal zu Tisch bitten, er wolle ihn sich etwas freundschaftlich erhalten.

Nach seiner Rückkehr suchte Alma Gropius in Berlin auf, doch das Treffen verlief unglücklich. Sie mochte weder die Stadt noch die Mutter, noch war es ihr gelungen, den jungen Geliebten wieder für sich zu gewinnen.

Auch das neue Jahr brachte keine Annäherung. Auf Almas briefliche Anfragen, warum er sich so gar nicht mehr melde und wann er denn wieder einmal nach Wien komme, antwortete Gropius nicht. Erst nach langer Zeit schickte er ein vorerst letztes Lebenszeichen: »Es kann nicht wie früher sein, und alles ist von Grund auf anders geworden. Kann man denn unerhörte Empfindungen der Gemeinschaft willkürlich in freundschaftliche abwandeln?? Würden Dir diese Tasten klingen, wenn ich sie anschlüge? Nein –; und es ist wenig Zeit verflossen seit den Tagen schmerzlichster Erkenntnis. Was später kommt, weiß ich nicht, es hängt nicht von mir ab. Es wirkt ja alles durcheinander ... vielleicht, dass eine glückliche Stunde Dich vorbeibringt.«[16]

Während Gropius an seiner Enttäuschung laborierte und doch noch auf eine wundersame Wendung hoffte, war die 34-jährige Alma bereits mit dem sechs Jahre jüngeren Oskar Kokoschka liiert, den sie im Hause ihres Stiefvaters Carl Moll kennengelernt hatte. Gropius erfuhr von der neuen Beziehung erst, als das ausdrucksvolle Doppelbildnis, das Kokoschka von sich und Alma gemalt hatte, im März 1913 auf der Ausstellung der Berliner Sezession gezeigt wurde. Völlig verbittert schrieb er ein allerletztes Mal. Während er sich Mahler wohl kraft seiner Jugend überlegen fühlte, trat er gegen Kokoschka nicht in den Ring.

Alma aber, die immer wieder an Kokoschka, der besitzergreifend auf Heirat bestand, zweifelte, war nicht bereit, den fernen Geliebten freizugeben, und versuchte, den Briefwechsel wieder aufleben zu lassen. Er möge doch sehen, lockte sie im Februar 1912, was er aus den nicht sehr gelungenen Plänen für das Landhaus machen könne. Sie werde vielleicht Kokoschka heiraten, drohte sie im Juli 1913. »Mit Dir aber bleibe ich durch alle Ewigkeit verbunden. Schreibe mir, ob Du lebst – und ob dieses Leben des Lebens wert ist.«[17]

Je mehr Kokoschka Alma drängte, auch nachdem sie gegen seinen Willen sein Kind abgetrieben hatte, einzig für ihn da zu sein, desto fremder wurde er ihr. Je häufiger er Alma Oberflächlichkeit und innere Leere vorwarf, desto inniger pflegte sie sich an Gropius zu erinnern, der, wie sie sicher zu wissen glaubte, noch immer in Berlin ihrer harrte. Während Kokoschka, der nichts von Almas Avancen gegenüber dem früheren Liebhaber, ja nicht einmal von dessen Existenz wusste, nach wie vor Hochzeitspläne schmiedete, schrieb Alma werbende Briefe nach Berlin. Sie fühle sich einsam und wolle ihn unbedingt wiedersehen. »Willst Du meine Freundschaft – so hast Du sie. Ich habe den größten Wunsch, mit Dir zu sprechen. Dein Bild ist lieb und rein in mir – und Menschen, die so Seltsames und Schönes miteinander erlebt haben, dürfen sich nicht verlieren. Komm – wenn Du Zeit und Freude dran hast – komm her. Es ist *keine* Resignation, die mich all dies schreiben lässt, sondern erhellter, neugeklärter Blick.«[18]

6

Die deutsche Kriegserklärung an Russland am 1. August 1914 und die folgende Generalmobilmachung verhinderten ein erneutes Zusammentreffen. Gropius, der als Vizefeldwebel von den Husaren abgegangen war, wurde sofort eingezogen. Die Führung des kleinen Büros überließ er dem getreuen Adolf Meyer. Keiner ahnte – denn jeder rechnete mit einem schnellen Sieg –, dass es ein Abschied für vier lange Jahre sein sollte. Ein Telegramm an die Mutter, die sich noch im Sommerhaus am

Timmendorfer Strand aufhielt, zeugt von einer gewissen Vorfreude auf das kriegerische Ereignis, das den eintönigen Alltag so abenteuerlich zu unterbrechen versprach: »Heute Abend Abmarsch Frankreich, beste Stimmung. Tausend Grüße.«[19]

Die Stimmung blieb noch eine Weile gehoben, auch wenn die vorrückenden Truppen auf unerwartet heftigen Widerstand der Belgier stießen, deren Gebiet sie völkerrechtswidrig überrannten. Es herrschte herrliches Sommerwetter, die Gesundheit des nicht mehr ganz jungen Kriegers war gut, besser jedenfalls als in den Jahren zuvor. Stolz konnte er der Mutter von seiner Kraft und seinem Können berichten. Es sei doch eigentümlich, wie man sich noch gar nicht recht kenne. Er habe geglaubt, dass es mit seinen militärischen Fähigkeiten nicht weit her sei, nun aber stecke er die meisten glatt in die Tasche. Sie wisse, dass das keine Prahlerei sei, aber es falle ihm eben auf, wie wenige so ganz einfach und gerade ihre Pflicht täten. Von seinen gewagten Patrouillen sprächen nicht nur das Regiment, sondern auch der Divisionsgeneral. Stimmung und Gesundheit seien weiterhin gut: »Keine Hämorrhoiden, keine Erkältung, kein Durchfall, während die meisten anderen nach den unsäglichen Strapazen liegen blieben und in die Lazarette mussten.«[20]

Doch nicht lange, so wünschte sich Gropius trotz Beförderung zum Leutnant und Verleihung des Eisernen Kreuzes, dass der Krieg bald zu Ende ginge. Der Höllenlärm der Geschütze, die schrecklichen Schreie der Verwundeten und Sterbenden raubten ihm den Schlaf und versetzten seine Nerven in dauernde Unruhe. Noch hatte der Berliner Apotheker Maximilian Negwer das Ohropax nicht erfunden. Die seelische Erschütterung infolge der vielen grauenvollen Szenen, die er miterlebte, brachten Gropius schließlich so herunter, dass auch er im Januar 1915 in ein Feldlazarett verlegt werden musste. Der Arzt berichtete der Mutter, ihr Sohn leide an Schlaflosigkeit, die durch Nervosität hervorgerufen sei. Die Ursache hierfür scheine in dem anstrengenden Dienst sowie in einem durch das Detonieren einer Granate in unmittelbarer Nähe veranlassten Schock zu liegen. Es sei zwar schon besser geworden und werde keine langfristigen Spuren hinterlassen – eine Voraussage, die nicht zutreffen sollte –, doch an eine Rückkehr an die Front sei momentan nicht zu denken.

Im Anschluss an den Lazarettaufenthalt erhielt Gropius zur weiteren Genesung noch einige Wochen Heimaturlaub, die er bei der Mutter in Berlin verbrachte. Dort erreichte ihn ein Silvestergruß der kriegsbegeisterten Alma. Sie wünsche, dass er heil aus der gewiss siegreichen Schlacht zurückkehren und dass bald die Zeit kommen werde, in der sie ihn dahin führen dürfe, wo er mit seinen Schritten ihr den Boden abgemessen habe. Sie drücke seine Hände.

Gropius brach nun sein langes Schweigen und berichtete Alma von seinen Leiden und seiner Genesung. Unverzüglich reiste sie nach Berlin, wo es ihr auf das Schönste gelang, wie sie dem Tagebuch anvertraute, ihre Absicht in die Tat umzusetzen, sich diesen bürgerlichen Musensohn wieder beizubiegen. »Tage wurden weinend verfragt … Nächte weinend beantwortet. Walter Gropius kommt über meine Bindung mit Oskar Kokoschka nicht hinweg … Ich brachte ihn auf die Bahn, dort übermannte ihn aber die Liebe derart, dass er mich kurzerhand in den schon abgefahrenen Zug zog und ich nun wohl oder übel mit nach Hannover fahren musste. Ohne Nachthemd, ohne die geringsten Bequemlichkeiten und Hilfsmittel wurde ich so, ziemlich gewaltsam, die Beute dieses Mannes. Ich muss sagen, es gefiel mir nicht übel.«[21]

Gegen Kokoschka, der sich auf ihr Drängen freiwillig zum Kriegsdienst gemeldet hatte, zeigte sich Alma nun ganz und gar abweisend. Er war ihr abhanden gekommen. Er war ihr ein »unersehnt Fremder« geworden, dessen Leben sie nicht mehr interessierte. Sie hatte vorgegeben, in Berlin ihrer Leiden wegen einen berühmten Arzt aufsuchen zu müssen, was Kokoschka ihr nicht so ganz glaubte, auch wenn er den eigentlichen Grund nicht erriet. Ahnungsvoll klagte er: »Du ziehst nur Dein ganzes Leben lang die Anderen an Deine Brust und mich lässt Du verkommen … Du hast mich vergessen, wie Du nach Berlin gefahren bist, durch irgendeine arglistige Ohrenbläserei gegen mich wieder einen passablen Grund gefunden, fortzufahren, zu vergessen, mich zu vergessen, der Welt wieder zu gehören.«[22]

Als Alma zwei Wochen später nach Wien zurückkehrte, war sie sich allerdings nicht mehr so sicher, dass Gropius als Geliebter und Ehemann ihrem Anspruch auf genialisches Künstlertum genügen könnte. Auch dieser Mensch sei nur ein Mensch, und ach, sie ertrage Menschen schlecht, sei vielmehr voll Sucht nach einem Hinauf. Sie war und blieb unentschlossen, trotz aller Beteuerungen, Gropius zu lieben und für immer seine Frau werden zu wollen. Der Mann, mit dem sie sich verband, musste zu den Auserwählten gehören, was bei Gropius noch keineswegs abzusehen war, und so schwankte sie, beständig nur in ihrer Unbeständigkeit, zwischen heißer Sehnsucht und kühler Distanz, zwischen Schwärmerei und nüchterner Betrachtung hin und her. Nie wusste sie für längere Zeit, ob sie einen Mann noch liebte oder ihn bereits hasste, ob es Liebe, Flirt oder Zeitvertreib war.

Mit Kokoschka jedenfalls schien sie abgeschlossen zu haben. Als sie von seiner schweren Verletzung – Kopfschuss und Bajonettstich in die Lunge – bei einem Einsatz in der Ukraine erfuhr, zeigte sie wenig Mitgefühl. Sie holte aus seinem Atelier, zu dem sie den Schlüssel besaß, die Briefe, die sie ihm geschrieben, und die Skizzen, die er von ihr gemacht hatte. An seine Verwundung, schrieb sie Gropius, glaube sie nicht, sie glaube diesem Menschen überhaupt nicht mehr.

Als Gropius allerdings wagte, sich kritisch über Kokoschka zu äußern, reagierte sie, wie das Tagebuch zeigt, heftig und arrogant: »Heute habe ich von W. G. einen direkten, bösen Brief bekommen. Ich war tief erregt – und tief erschrocken – aber immer mehr fühle ich, dass dieser Mensch nicht mein Leben bedeutet. Seine Eifersucht auf O. K. ist grenzenlos! So viel arische Rücksichtslosigkeit könnte sich höchstens in meiner Nähe mit Magie paaren, um ertragen werden zu können; aber gepaart mit Philistertum entbehrt sie jeglicher Begründung. O. K.

darf rücksichtslos sein. Dieser Mensch nicht, dieser kleine gewöhnliche Mensch! Auf die Knie vor mir, wenn ich bitten darf!«[23]

Alma fühlte sich über die »gewöhnlichen Menschen« erhaben. Nicht nur war sie die Tochter eines mit Preisen und Auszeichnungen geehrten Malers und Witwe eines bedeutenden Komponisten und Dirigenten, sondern selbst eine begabte Künstlerin mit höchsten Ambitionen. Schon als 19-Jährige hatte sie ihrem Tagebuch anvertraut: »Ich möchte eine große Tat tun. Möchte eine wirklich gute Oper komponieren, was bei Frauen wohl noch nie der Fall war. Ja, das möchte ich.«[24]

Und wirklich hätte aus Alma einiges werden können. Sie hatte zwar nie regelmäßig eine Schule besucht, war aber, musikalisch begabt, schon früh im Klavierspiel unterrichtet worden. Als junge Frau nahm sie gegen den Willen von Mutter und Stiefvater Stunden in Kompositionslehre bei Alexander von Zemlinsky. Zemlinsky glaubte an ihr Talent, zumindest für das Liederkomponieren, das, wie er meinte, für gewöhnlich »das Feld der Weiber« sei, musste aber bald feststellen, dass es ihr an Ernst und Ausdauer fehlte. Obwohl er in sie verliebt war, sparte er nicht mit Kritik. Entweder sie komponiere oder sie gehe in Gesellschaften, eines von beiden. Sie solle aber lieber das wählen, was ihr näher liege: in Gesellschaften zu gehen.

Zemlinsky sollte Recht behalten. Es gelangen Alma zwar einige bemerkenswerte Liedkompositionen nach Gedichten von Novalis, Rilke und Dehmel von, wie es in Fachkreisen heißt, emotionaler Intensität, doch es fehlte ihr an unbedingter Hingabe, ohne die in der Kunst nichts zu erreichen ist. Das mag sie selbst gefühlt und daher gehofft haben, dass der um sie werbende Mahler als Ehemann ein väterlicher Mentor werden und ihre kompositorischen Ambitionen unterstützen würde. Als Mahler aber vor der Eheschließung von ihr forderte, zukünftig auf eigene Arbeiten zu verzichten, da ein komponierendes Ehepaar eine zu lächerliche Angelegenheit sei, gab sie ohne Widerspruch nach – nicht ohne Mahler später vorzuwerfen, ihr Talent schändlich unterdrückt zu haben.

Dabei hätten sich Alma zur Ehe mit Mahler durchaus Alternativen geboten. Sie zählte zu den Schönheiten Wiens und hatte die Wahl zwischen vielen Verehrern. Zudem war das künstlerische Milieu, in dem sie sich bewegte, für unkonventionelle Lebensentwürfe, auch von Frauen, durchaus offen. Doch Alma schien nicht so recht an die eigenen Fähigkeiten, an weibliche Kreativität überhaupt, zu glauben und zog es vor, einen bereits arrivierten Mann zu heiraten, der ihr als Direktor der Wiener Hofoper ein gutes Einkommen und einen hohen gesellschaftlichen Status verschaffte. Sie trat mit dieser Entscheidung in die Fußstapfen ihrer Mutter, die zwar eine Gesangsausbildung am Wiener Konservatorium absolviert, nach der Heirat den Beruf aber aufgegeben hatte.

Das Verhältnis zwischen Alma und Gropius blieb der Mutter in Berlin nicht verborgen. Sie sei, so schrieb sie dem Sohn, über seine Wahl zwar nicht glücklich, respektiere sie aber. Was sie allerdings verletze, sei, dass er sie nicht eingeweiht habe. »Hier geht stark das Gerücht, Du würdest Dich gleich nach dem Krieg verheiraten. Warum verschweigst Du mir das, mein Walter, wenn es wahr ist? Zweifelst Du an meinem Verständnis, oder fürchtest Du, mich zu sehr zu erregen? Sei versichert, dass beides nicht nötig ist, und dass ich ganz glücklich und zufrieden bin, wenn Du es bist ... Glaube mir, dass ich mir alle Mühe geben werde, mit Deinen Augen zu sehen, die ja doch helle genug sind und sich auch hoffentlich hierin nicht täuschen.«[25]

Doch Manon Gropius konnte sich mit Alma nicht abfinden. Die freizügige, leidenschaftliche Wienerin war und blieb der nüchternen, disziplinierten Preußin fremd. Es falle ihr unendlich schwer, schrieb sie dem Sohn, die Geliebte mit seinen Augen zu sehen. Vielleicht müsse sie Alma erst einmal besser kennenlernen, momentan jedenfalls könne sie sich mit seiner Wahl nicht einverstanden erklären. Nach einem Besuch der beiden gestand sie: Die mit ihm und Frau Mahler durchlebten und durchkämpften Tage seien wie ein Sturmwind über sie hinweggebraust und hätten sie gebeugt und völlig erschöpft zurückgelassen.

Die Antwort des Sohnes war schonungslos und wirkt, als hätte sich so einiges an Ärger über die mit Liebe und Fürsorge verbundene Strenge und Dominanz der Mutter über die Jahre angesammelt. Der geistige Abstand, der sie, so schrieb er, trenne, sei vielleicht doch zu groß, um überwunden werden zu können. Im Gegensatz zu ihr, die stehen geblieben und versteinert sei, sei er rapide vorwärtsgeschritten, habe ein neues Selbstvertrauen gewonnen und werde seinen eigenen Vorstellungen gegen jeden Widerstand nachleben. Wenn sie an seinem Glück zukünftig teilnehmen wolle, müsse sie über ihren Schatten springen und Alma einen versöhnlichen Brief schreiben.

Die Mutter tat, wie ihr geheißen. Sie wollte wohl die gestörte Mutter-Sohn-Beziehung wieder festigen und den Sohn, der an der Moselfront kämpfte, nicht durch familiäre Differenzen zusätzlich belasten. Sie wusste wie nur wenige von seinen gefährlichen Einsätzen und den vielen Toten, die ihn umgaben und die es wie ein Wunder erscheinen ließen, dass er selbst noch unverletzt geblieben war. Erstaunt hatte Gropius der Mutter einmal geschrieben: »Wir können nicht dankbar genug sein für das Glück, das über mir waltete. Die Kugeln haben mich in diesem Kriege nun schon vollständig umschrieben: eine in die Pelzmütze, eine in die Stiefelsohle, eine rechts, eine links durch den Mantel – und die schauerliche Granate.«[26]

7

Alma Mahler und Walter Gropius heirateten am 18. August 1915 in Berlin, standesamtlich und ohne Familie, Trauzeugen waren zwei Passanten von der Straße. Nach der Trauung kehrte Gropius, der nur zwei Tage Sonderurlaub erhalten hatte, an die Front zurück, Alma nach Wien. Alma schien nun, wenn auch die Heirat auf ihren Wunsch vorerst geheim gehalten wurde, am Ziel ihrer Wünsche und nahm sich im Tagebuch fest vor: Nichts sollte sie in Zukunft mehr aus der Bahn schleudern. Nichts wollte sie mehr, als diesen Menschen glücklich machen.

Doch Beständigkeit war Alma nun einmal nicht gegeben. Bald schlug der Ton ihrer Briefe um. Eine Flut von Klagen und Beschwerden erreichte die Front. Obwohl Gropius nicht immer die Möglichkeit hatte, Briefe zu empfangen und sofort zu beantworten, warf Alma, die sich in ihrem Haus auf dem Semmering und der Zehn-Zimmer-Wohnung im ersten Wiener Gemeindebezirk die harte Realität des Schützengrabens wohl nicht so recht vorstellen konnte, ihm vor, dass er so selten schreibe und sie nicht so sehr liebe wie sie ihn. Sie urteilte verächtlich über Walters Familie, über Berlin und die Berliner, beklagte missmutig seine Abwesenheit, seinen Mangel an Aufmerksamkeit, bezweifelte seine eheliche Treue und drohte, wenn es ihm einfallen sollte, sie zu betrügen, sich auf die gleiche Weise zu rächen.

Einziger Lichtblick für Gropius war in dieser schwierigen Zeit wohl die Anfrage vom April 1915 aus Weimar, ob er sich vorstellen könne, die Nachfolge Henry van de Veldes als Direktor der Großherzoglich Sächsischen Kunstgewerbeschule anzutreten. Der Belgier van de Velde, der seit Kriegsbeginn als feindlicher Ausländer galt, hatte sein Amt niederlegen und dem Ministerium einen geeigneten Nachfolger vorschlagen müssen. Er hatte neben anderen Walter Gropius genannt. Gropius berichtete der Mutter, dem Angebot nach anfänglichen Zweifeln nun doch nähertreten zu wollen, da ihm ein solcher Posten Ansehen und die Möglichkeit zu großen Aufträgen verschaffen würde.

Er bat die Mutter, Pläne, Fotos und Veröffentlichungen seiner Bauten und Projekte zusammenzustellen und für alle Fälle bereitzuhalten. Sie widmete sich dieser Aufgabe mit der Hilfe Adolf Meyers gewissenhaft und wohl in der Hoffnung, den Sohn bald auf einem nicht nur sicheren, sondern für einen Architekten ohne akademischen Abschluss ehrenvollen Posten zu wissen, und bestärkte ihn in seinem Entschluss:

»Ich finde es ganz richtig, dass Du van de Velde in bejahendem Sinne geschrieben hast, Du hast ja immer schon Lehr-Ideen gehabt, und es wäre doch für Dich eine große Ehre. Auch wäre es ja angenehm, gleich nach dem Kriege so eine feste Sache zu haben, die Dir Halt geben würde.«[27]

Die eigentliche Schützenhilfe bei den folgenden Berufungsverhandlungen aber leistete Alma. Sie riet Gropius, den Posten nur anzunehmen, wenn man ihm schriftlich alle Kompetenzen, die er verlange, zugesichert habe und die Fragen nach Geld und Titel zufriedenstellend geklärt seien. Er müsse das Bestmögliche herausholen, denn sie könne ihn sich nicht, so angenehm ihr Weimar als Ort der Kultur auch erscheine, in untergeordneter künstlerischer Stellung vorstellen. Ende 1915 begleitete sie Gropius, der ein paar Tage Fronturlaub bekommen hatte, höchstpersönlich zur Verhandlung nach Weimar.

Ansonsten wechselten nach wie vor Klagen zwischen der Front, Berlin und Wien hin und her. Es ist überhaupt erstaunlich, wie viele Briefe und Postkarten während des Krieges geschrieben und befördert wurden. 28 Milliarden waren es insgesamt über die Kriegsjahre. Regierung und Armeeführung wussten wohl, dass sich der Kampfeswille an der Front nur durch einen funktionierenden Postverkehr mit der Heimat aufrechterhalten ließ.

Manon Gropius beklagte sich, dass Alma bei einem Mahler-Konzert in Berlin gewesen sei – was nicht zutraf – und sich nicht bei ihr gemeldet habe. Gropius bedauerte, dass die Mutter wieder einmal kein rechtes Vertrauen in ihn setze. Sie müsse nun wirklich versuchen, ihn besser zu verstehen, auch wenn er ihr mit Siebenmeilenstiefeln fortgelaufen und aus dem Gesichtskreis verschwunden sei. Es schmerze doch sehr, wenn die eigene Mutter das nicht erkenne.

Alma lamentierte über die geistige Enge, den Dünkel, das kaltschnäuzige Philistertum und die Herrschsucht der völlig unbedeutenden Schwiegermutter, ohne im Geringsten in Betracht zu ziehen, dass es sich bei den Familien Gropius und Scharnweber um alteingesessene und verdienstvolle preußische Familien handelte. Alma neigte zu drastischen, meist abwertenden Urteilen über Personen, die sie nicht schwärmerisch verehrten. »Sie ist sehr herrisch und ich zu leidenschaftlich – das Wort kommt hier aber nicht von Leidenschaft, sondern von Leidenschaftlichkeit – weil alles an ihr etwas zu klein geraten ist ... Sag ihr doch einmal, dass die Türen der ganzen Welt, die dem Namen Mahler offen stehen, zufliegen vor dem gänzlich unbekannten Namen Gropius. Ob sie vielleicht einmal daran gedacht hat, was *ich* mit aufgab.«[28]

Dies kann als ein nicht sehr diskreter Hinweis auch an Gropius verstanden werden, dass sie die Ehe mit ihm vor allem geheim hielt, um ihre Position als Witwe eines bedeutenden Mannes nicht zu verlieren. Sie fürchtete den gesellschaftlichen Abstieg und wollte mit einer Veröffentlichung ihres neuen Zivilstandes so lange warten, bis der neue Mann an ihrer Seite in der Welt etwas gelten würde.

Mitten im Krieg musste Gropius versuchen, familiären Frieden zu stiften, was ihm, da selbst Partei, nicht recht gelang. Die Fronten verfestigten sich wie im wirklichen Krieg, die Gräben wurden tiefer. Gropius schlug sich auf Almas Seite, denn er hatte, wie er der Mutter schrieb, nur den einen Wunsch, dass er der Geliebten genügen möge und dass sie in ihrer unablässigen Sehnsucht nach Vollendung aus ihm machen werde, was nur immer in ihm an Großem angelegt sei.

Als sich im Februar 1916 herausstellte, dass Alma ein Kind erwartete, wechselte die Stimmung von bewölkt auf heiter. Manon Gropius fuhr nach Wien und wusste sich so beliebt zu machen, dass Alma glaubte, sie doch noch für sich gewonnen zu haben. Seine Mutter habe ihr, schrieb sie Gropius an die Front, weinend für alles gedankt. Auch dem Sohn gegenüber zeigte sich Manon versöhnlich und war gewillt, sowohl Almas vorzügliche wie auch befremdliche Eigenschaften schätzen zu lernen: »Ich weiß jetzt, dass Du wohl wirklich einen Schatz gehoben hast, und dass ein seltenes und innerlich reiches Menschenkind Dein eigen geworden ist. In ihrer lebhaften Art lässt sie mich viele Blicke in ihr Leben und auch in Eure gemeinsame Vergangenheit tun. Dass mir noch viele ihrer Ideen, Gewohnheiten und Anschauungen fremd und verwunderlich sind, ist ja natürlich. Ihr in jeder Beziehung großes Verwöhntsein macht mir recht oft Sorgen. Das wird vielleicht immer bleiben, wird aber nicht hindern, dass ich ihr gut bin und sie in vielen Beziehungen bewundere, weil sie klug und gut und reich begabt ist.«[29]

Verwöhnt wie sie war, interessierte sich Alma wenig für das Befinden ihres Mannes an der Front, und so teilte er seine schrecklichen Erlebnisse, seine schwermütigen Gedanken und seine Angst vor der Zukunft, ohne, wie es scheint, an die Briefzensur zu denken, vor allem der Mutter mit. »Ich möchte rasen, in Ketten geschlagen durch diesen wahnsinnigen, allen Lebenssinn tötenden Krieg ... Der Krieg wird uns noch alle zu Grunde richten. Die Dauer zerstört die Nerven sensibler Menschen. Die Stimmung der Front gegen die Regierung wird Gott sei dank gefährlich, so werden vielleicht diese elenden Noten-Schreiber doch noch vor unser aller Ende bankrott machen.«[30]

Im Oktober 1916 brachte Alma eine Tochter zur Welt, die auf den Namen ihrer Großmutter Manon getauft und Mutzi genannt wurde. Glücklich und ausgeglichen berichtete Alma der Schwiegermutter von der Taufe und den schönen, mit Mann und Kindern gemeinsam verbrachten Weihnachtstagen. Sie schien bereit, mit den Kindern nach Baden-Baden zu ziehen, um die Entfernung von der Front zu verkürzen, vielleicht sogar in das ungeliebte Berlin. Den Heimaturlaub im März 1917 genoss Gropius dann aber doch in Wien, entzückt von Frau und Tochter. Manon Gropius zog – die zunehmende Lebensmittelknappheit zwang die Familien zusammenzurücken – zu Tochter und Schwiegersohn, dem Landrat Max Burchard, nach Alfeld.

Die Tage in Wien waren für Gropius nur eine kurze Ruhepause; er musste bald zurück an die Front. In einem Brief an Karl Ernst Osthaus, der gerade als einfacher Landsturmmann diente und dessen scharf antisemitische Einstellung er wohl kannte, machte er seinem Herzen Luft und – ob aus Anbiederung oder aus Überzeugung bleibt unklar – die Juden für alles verantwortlich: »Ich denke viel über den Sinn des Ganzen nach und komme nun manchmal in Zweifel und Gewissensnot; denn geschieht das alles wirklich nur, damit die Juden sich zu Hause mehr und mehr mästen und diese alles Leben und vermehrtes Gut aus dem großen Jammer erretten? Der Kapitalismus ist so grotesk geworden ..., dass er doch schließlich wohl an sich selbst zu Grunde gehen muss?! Wir alle sind schuld, dass es so gekommen ist, wir haben die Juden unbehindert groß werden lassen.«[31]

8

Der Krieg nahm und nahm kein Ende, und je länger er sich hinzog, desto mehr lagen die schon in Friedenszeiten nicht allzu starken Nerven von Gropius blank, desto größer waren die Sorgen, die er sich über die Zukunft machte. Dreimal verwundet und hochdekoriert, bezog er doch nur den Sold eines Leutnants, während Alma in Wien ihren gehobenen Lebensstil weiterführte und wohl noch keinen Hunger litt, zumindest ist in ihren Briefen an die Freundin Helene Berg häufig von Butter, Hühnern und Rindfleisch die Rede, die – wenn auch für viel Geld – zu besorgen waren. Gropius dagegen sah sich der Armut ausgeliefert, hatte Angst um Alma, sein Kind, die gemeinsame Zukunft. Es musste etwas geschehen, wie er der Mutter schrieb: »Ich werde nächstens wohl einmal energische Versuche zu einer gründlichen Erholung machen, denn nach dreieinhalbjähriger Aufopferung für diesen abscheulichen Krieg spüre ich das dringende Verlangen, meine letzten Kräfte festzuhalten, für das, was ich in diesem Leben noch an aufbauende Dinge hingeben möchte.«[32]

Auch mit Almas Ruhe und Zufriedenheit war es nach der Geburt der Tochter bald wieder vorbei. Zum einen war sie erbost, als sie hörte, Gropius habe sich zur Heeresschule für Nachrichtenwesen in Namur versetzen lassen, wo auch Hunde dressiert wurden, die menschliche Meldegänger ersetzen sollten, weshalb die ihr diskriminierend erscheinende Anschrift »Meldehundtruppe« lautete. Dass Gropius mit dieser Versetzung zumindest der unmittelbare Fronteinsatz erspart blieb, konnte sie wohl nicht mit dem Gedanken versöhnen, ihn in einer unwürdigen Stellung vermuten zu müssen. Es sei zu hässlich für ihn und für sie.

Zum anderen meldeten sich alte Zweifel mit neuer Stärke: Gropius sei im Feld, sie seien über ein Jahr verheiratet und hätten sich nicht. Manchmal fürchte sie sehr, dass sie einander fremd würden, denn man könne keine Ehe auf Distanz führen. Bald wurde die Befürchtung zur Gewissheit. Als Gropius im November 1917 auf zwei Tage nach Wien kam, gestand Alma der Freundin Helene Berg, dass sie sich nur noch schwer an das fremde Mannsbild gewöhnen könne. Während Gropius ein seltener Gast war, blieb ihr roter Musiksalon in der Elisabethstraße gut besucht. Während Millionen junger Männer im Schützengraben lagen, ging in der Heimat das Leben für alle, die Geld und Zeit hatten, bis zum letzten Kriegswinter einigermaßen munter weiter. Die vom Kriegsdienst verschonte geistige und künstlerische Elite Wiens pflegte sich in Almas Salon zu versammeln. Sie liebte nun einmal, wie Zemlinsky früh erkannt hatte, die Gesellschaften, und Einladungen zu ihren Diners mit Delikatessen und Champagner waren begehrt.

Das Gefühl ehelicher Entfremdung beruhte bald weniger auf der Abwesenheit des Gatten als auf der Anwesenheit des jungen Dichters Franz Werfel, den sie im November 1917 kennenlernte. Werfel scheint sie zwar nicht körperlich angezogen zu haben – sie nennt ihn in ihrem Tagebuch einen o-beinigen, fetten Juden mit wülstigen Lippen und schwimmenden Schlitzaugen –, entsprach aber dem Bild des Vaters: klein, untersetzt, begeisterungsfähig, musikalisch, begabt mit einer weichen Tenorstimme. Und Alma hatte den früh verstorbenen Vater geradezu angebetet. »Ich war gewohnt gewesen, ihm alles zu Gefallen zu tun, meine ganze Eitelkeit und Ehrsucht hatte als einzige Befriedigung den Blick seiner verstehenden, blauen Augen gehabt.«[33]

Schon Sigmund Freud hatte, als Mahler ihn im August 1910 im Badeort Leyden konsultierte, vermutet, dass Alma ihren Vater geliebt habe und immer nur diesen Typus suchen und lieben werde, Mahler sich daher wegen seines Alters nicht sorgen müsse, da gerade dieses ihn seiner Frau so anziehend mache. Mochte Freuds Befund in Bezug auf den Vatertypus stimmen, so bestätigte sie sich hinsichtlich des Alters nicht. Gropius, Kokoschka und Werfel waren alle jünger als sie, und zwar bis zu elf Jahre. Sollte sie den Typus des Vaters gesucht haben, dann jedenfalls nicht in Gestalt eines älteren Mannes, wie der alternde Freud vielleicht als Projektion eigener Wünsche diagnostizierte.

Die Beziehung zu Werfel jedenfalls ließ Alma, die oft die Abwesenheit von Gropius beklagt hatte, nun seine Anwesenheit nicht mehr ertragen. Er war ihr fremd geworden, lästig, fatal, passte nicht mehr in ihr Leben. Wenn er den Mund aufmache, um zu sprechen, vertraute sie dem Tagebuch an, dann schäme sie sich seiner. Je länger er bleibe, um so mehr erkenne sie, dass ihre früheren Gefühle wohl nicht mehr als eine sporadische Verliebtheit gewesen seien, die nun einem gelangweilten Hass wichen. Der Freundin Helene Berg gestand sie: »Walter ist nun über 14 Tage da. Es ist ein Elend.«[34]

Bald war Alma erneut schwanger, diesmal von Werfel, was sie vor Gropius verbarg, der sich, an der Front verschüttet und verwundet, in das Kriegslazarett Grinzing verlegen ließ, um in ihrer Nähe zu sein. Als dann infolge eines heftigen Liebesaktes mit Werfel Blutungen eintraten, musste Alma vor der Zeit künstlich entbunden werden. Es war eine schwere Geburt, das Leben von Mutter und Kind in Gefahr. Das Kind litt am Hutchinson-Gilford-Syndrom und starb mit zehn Monaten.

Gropius half, wo er konnte, ohne dass Alma ihm Dank dafür wusste, wie sie Werfel gestand: »Der arme W. leidet wahnsinnig. Er fühlt, dass jedes Wort, das er spricht, mich irritiert, fasst meine Kälte nicht, weiß nicht, was er tun soll. Ich kann aber nicht etwas vortäuschen, was ich nicht fühle – ich kann nicht. Er weiß, dass ich ihn nicht mehr liebe, er zerbricht sich den Kopf, wie er es ändern könnte – ich weiß keinen Rat.«[35]

Als Gropius drei Wochen später zufällig ein Telefongespräch zwischen Alma und Werfel mithörte und erfuhr, dass der neugeborene Sohn nicht sein Kind war, stellte er sie zur Rede. Alma wankte und schwankte und gab sich aus Mitleid, so ihre Deutung Werfel gegenüber, ihrem Mann erneut hin, während sie an ihrem Liebhaber, wie sie dem Tagebuch gestand, nun so einiges störte. Werfel sei ein unverbesserlicher Kaffeehausgänger, wohne in einem Zimmer, das eher zu der Maitresse eines Kunsthändlers passe, und führe ein bohemehaft ausschweifendes Leben. Er müsse aus ihrem Leben durchaus verschwinden, obwohl sie weniger denn je wisse, was zu geschehen habe.

Almas Freundin Helene hatte Mitleid mit dem betrogenen Gropius und sah seine Zukunft in einem düsteren Licht, wie sie ihrem Mann, Alban Berg, schrieb: »Ein guter Kerl, durch und durch nobel, ungenial – wie elend muss er sich in diesem Milieu fühlen! Almschi richtet sich's wie's ihr passt – Trennung erscheint mir ausgeschlossen, wegen der Kinder, so wird er als einer ihrer Trabanten und Schleppenträger ein elendes Dasein haben – gehörnt und verachtet! Er tut mir furchtbar leid!«[36]

Die Ehe zwischen Alma und Gropius war wohl von Anfang an zum Scheitern verurteilt. Gropius erhoffte sich eine liebende Ehefrau, die – er konnte und wollte sich mit Halbheiten nicht abfinden – ihn und nur ihn allein liebte, bestätigte und förderte. Alma dagegen fand Gropius zwar gut und edel, aber leider zu wenig leidenschaftlich, zu fad, wie seine ganze, in ihren Augen philiströse Familie. Sie war auf die Rolle der Muse, nicht auf die der Gehilfin fixiert, wollte angebetet werden, von allen, und Macht über ihre Verehrer gewinnen.

Alma war alles, was eine Gehilfin nicht sein darf: egozentrisch, reizbar, schnell wechselnden Stimmungen unterworfen, leicht gekränkt, besitzergreifend, überheblich, sexuell provokativ. Sie hatte die Fähigkeit, wie ihr Schwiegersohn Ernst Krenek schrieb, das Leben zu einem schwindelerregenden Karussell zu machen, aber wer sich mitdrehen durfte, bestimmte sie allein. Wer ihrer Anforderung an Talent und künstlerisches Genie nicht entsprach, wurde aus dem Kreis der Berechtigten entfernt. Als sie zu erkennen glaubte, dass Gropius weniger Künstlernatur war, als sie erhofft hatte, und sie selbst für seine architektonischen Ziele wenig Interesse aufbringen konnte, wurde er ausgemustert.

Gropius, der sich der Mutter geistig weit überlegen fühlte und sie dies auch unbarmherzig spüren ließ, wenn sie ihn zu kritisieren wagte, wurde nun selbst gewogen und für zu leicht befunden. Ganz und gar bürgerlich in Denken und Haltung, fehlte ihm in Almas Augen entschieden der genialische Zug, den der Mann an ihrer Seite unbedingt aufweisen musste, weshalb ihr Werfel, den sie kurz zuvor noch aus ihrem Leben verbannen wollte, trotz seiner weniger ansprechenden Erscheinung das geeignetere Objekt musischer Zuwendung schien.

9

Anfang November kehrte Gropius nach Berlin zurück. Er kam in der Familienwohnung in der Kaiserin-Augusta-Straße unter und erlebte die sich anbahnende Revolution. Matrosen in Wilhelmshaven und Kiel probten den Aufstand, Arbeiter- und Soldatenräte übernahmen kurzzeitig die Macht. Generalstreik in Hamburg, Revolution in München, Massendemonstrationen an der Ruhr – die alte Ordnung schien in Auflösung begriffen. Gropius erkannte, dass er nicht als Held, sondern als gedemütigter, geschundener Verlierer zurückkam, nicht als fescher Husar, als der er ausgezogen war, sondern als unbedeutender Leutnant. Er ahnte, dass mit Krieg und Niederlage eine ganze Welt, seine Welt, sang-

und klanglos untergegangen war. Zorn, Bitterkeit und Angst überkamen ihn angesichts der verlorenen Jahre und des sinnlosen Leidens, des Zusammenbruchs der alten Ordnung, für die er gekämpft hatte, und der neuen Armut, die ihn erwartete.

Die Zukunft wirke auf ihn wie ein Schreckgespenst, schrieb der nun 35-jährige Gropius verzweifelt der Mutter. Er habe jetzt vier Jahre lang sein Bestes für diesen irrsinnigen Krieg gegeben und nur verloren, verloren. »Kein Mensch gibt mir je etwas dafür und ein großer Teil der anderen mästet sich währenddessen von uns. Ich habe größte Lust, den Spieß umzudrehen, denn ich will nicht schließlich ins Proletariat übergleiten, von dem ich nicht mehr weit entfernt bin. Komme ich nach Hause – ohne Leutnantsgehalt – so habe ich *nichts* – und ringsum die Teuerung.«[37] Kaum in Berlin, reiste Gropius, um die familiäre Situation zu klären, trotz der Widrigkeiten des nur notdürftig wieder in Gang gesetzten Bahnverkehrs weiter nach Wien. Er forderte von Alma die Scheidung und die Übertragung des Sorgerechts für die gemeinsame Tochter. Ein dramatischer Auftritt Almas, sie weinte und wollte auf beide, Gropius und Werfel, verzichten, um künftig mit den Kindern ihren Weg alleine zu gehen – und die Angelegenheit war vorerst vom Tisch.

Der Mutter verheimlichte Gropius das Scheitern seiner Ehe und gab vor, alles zu tun, um die Familie zusammenzuführen. Er suche, so schrieb er, auch wenn es noch so aussichtslos scheine, Arbeit, Aufträge, ein Nest für Alma, Anna, die Tochter Mahlers, und Mutzi. Alma hielt die Fassade ebenfalls aufrecht und gab sich gegenüber Manon Gropius als besorgte Mutter und liebende Gattin, obwohl sie schon mit Werfel zusammenlebte und ihren Mann mehr oder weniger vergessen zu haben schien – das zumindest warf Gropius ihr vor.

Ihre Briefe, so schrieb er Alma, fielen ihm wie Mehltau aufs Herz, ihm sei ganze Tage beklommen zumute, so furchtbar finster erschienen ihm die Wolken über seinem Haupt. Er fühle, dass er ihr nichts mehr sei und dass sie ihn nicht vermisse. Dass sie ihn immer weiter von sich fortschiebe, empfinde er als Unrecht an sich und den Kindern. Er habe vor allem erwartet, dass sie Werfel, wie versprochen, wegschicken würde. Daran habe er fest geglaubt und sich froh und mit neuem Schwung in seine Arbeiten gestürzt. Doch »nichts von dem geschah – leere Worte. Du fandest wohl nicht den Mut dazu und spielst weiter mit mir ein unentschiedenes Spiel, das sich furchtbar an uns rächen wird.«[38]

Im folgenden Frühjahr reiste Gropius erneut nach Wien, um Mutzi zu sehen und mit Alma eine Lösung der für ihn unerträglichen Situation zu finden. Ohne Erfolg, es blieb bei wechselseitigen Klagen und Vorwürfen. Der Mutter, die er nach wie vor im Glauben ließ, dass alles in Ordnung sei, schrieb er: Alma habe eigentlich sobald als möglich zu ihm kommen wollen, doch nun drohe ein Generalstreik. Das alles scheine fast nicht mehr lösbar, die Weltrevolution stehe vor der Tür; alles werde noch böse enden. Wenn er mit Alma und den Kindern wohlbehalten im eigenen Heim säße, würde er auf die Knie fallen und sonst nichts wünschen. Er bemühe sich um Aufträge, die nur schwer zu finden seien, und verfalle bisweilen in eine Art Hyperaktivität. Innerhalb einer Woche sei er nach Hagen wegen eines Auftrags und nach Weimar in Sachen Kunstschule gereist und in Berlin zum Vorsitzenden des Arbeitsrats für Kunst gewählt worden, den er nun ganz radikalisiere, was ihn viel Arbeit und Nerven koste. Er stürze sich in all diese Tätigkeiten, um seine innere Unruhe und Zukunftsängste zu übertönen.

Die Mutter war für Gropius nun wieder die wichtigste Briefpartnerin. Ihr vertraute er – bis auf die ehelichen Probleme – seine Sorgen und Nöte an, ihr berichtete er auch von seiner radikal neuen geistigen Ausrichtung, die der Krieg in ihm bewirkt habe. »Ich bin durch vieles innere Leid im Kriege vom Saulus zum Paulus geworden. Geistig idiotisiert und zermürbt aus dem furchtbaren Krieg heimkehrend, stürzte ich mich vor drei Monaten wie ein Rasender auf das geistige Leben und habe nun heute die beruhigende Genugtuung, durch eigene Kraft in dieser doch verhältnismäßig kurzen Zeit meinen Stand zu behaupten und mir neuen

Boden zu erringen. Ich weiß heute genau, dass es *nur* dadurch möglich war, dass ich mich innerlich völlig umgewandelt und auf das Neue, was unheimlich stark heraufsteigt, umgestellt habe.«[39]

Was mag sich die geborene Rittergutstochter und verehelichte Geheimrätin Manon Gropius angesichts des radikal »Neuen«, dem sich ihr Sohn nun rückhaltlos öffnen wollte, gedacht haben? Vermochte sie sich auf eine Welt im Umbruch einzulassen? Traf zu, was ihr Sohn im Rückblick von ihr behauptete, dass sie ungewöhnlich befähigt war, sich schnell auf veränderte Verhältnisse umzustellen – eine Fähigkeit, die er mit ihr teilte? Die Briefe lassen erkennen, dass sie den Sohn in seinen beruflichen Bestrebungen ermutigte und ihm beim Kampf um Mutzi den Rücken stärkte.

Der Wunsch, sich völlig umzuwandeln und neuen Boden unter den Füßen zu finden, schien für Gropius schon bald in Erfüllung zu gehen, denn in Weimar hatte sich die Angelegenheit um die Kunstschule inzwischen zu seinen Gunsten entwickelt. Bald konnte er der Mutter berichten, dass seine radikalen Pläne bei den Künstlern und Schülern der Hochschule solchen Beifall gefunden hätten, dass er fast hoffe, die Berufung komme zustande. Man habe ihm nun auch die Leitung der Hochschule für Kunst angeboten, trotz der vielen Bedingungen, die er gestellt, und trotz seines Programms, das umwälzende Neuerungen enthalte.

Nach weiteren Verhandlungen wurde Gropius am 1. April 1919 zum Direktor beider Anstalten ernannt, der Kunstgewerbeschule und der Kunstschule, die zu einem neuen Institut zusammengelegt wurden und fortan unter dem Namen »Staatliches Bauhaus in Weimar« firmierten. Stolz schrieb er der Mutter: Die Weimarsache sei nun perfekt. Er habe durch konsequentes Fordern und taktisches Zögern erstaunlich viel durchgesetzt.

Noch im selben Monat konnte in Weimar der seit dem zweiten Kriegsjahr ruhende Lehrbetrieb wieder aufgenommen werden, zunächst mit den alten Professoren, bald auch mit einigen von Gropius neu verpflichteten Lehrkräften wie Johannes Itten, den Gropius in Almas Wiener Salon kennengelernt hatte.

Die Mutter wurde unverzüglich von der radikalen – »radikal« war eine Zeitlang das Lieblingsadjektiv des frisch gebackenen Bauhaus-Direktors – Entwicklung in Kenntnis gesetzt: Er habe hier sein Amt angetreten und in zwei Tagen alles durchgesetzt, was er wünsche: Berufung von vier radikalen Künstlern und Bewilligung seines radikalen Programms durch die Regierung. So könne nun wirklich etwas radikal Neues werden, wenn die Zeiten nicht zu toll würden.

Da Gropius einmal mehr mit seinen Bezügen nicht auskam, bat er schon kurz nach Amtsantritt das Hofmarschallamt um Zahlung einer Teuerungszulage. Er sei schließlich verheiratet, habe zwei Kinder und könne in der schwierigen Anfangszeit der Schulgründung keine privaten Aufträge bearbeiten. Alma scheint von ihrem getrennt lebenden Ehemann Unterhalt gefordert zu haben. Sie war knapp bei Kasse, da durch den Ausfall der Kriegsanleihen und die Inflation viel von Mahlers Vermögen aufgezehrt worden war und Tantiemen für die Aufführungen seiner Sinfonien nur spärlich flossen.

10

Anlässlich der Bauhaus-Eröffnung kam Alma mit Mutzi nach Weimar, obwohl der Bahnverkehr durch stillgelegte Strecken, häufige Passkontrollen und lokale Aufstände der Spartakisten noch immer unsicher und umständlich war. Zerbrochene Scheiben, überfüllte Abteile und der Ausfall von Strom und Heizung ließen keine Bequemlichkeit aufkommen. Angesichts der unkomfortablen Nachkriegswirren wünschte sich Alma sehnlichst Kaiser und Erzherzöge zurück und ein »Kuschen des Sklaven-Unterbaues der Menschheit«.[40]

Almas Auftritt wurde für die Kleinstadt Weimar zum Ereignis. Die Weimarer zeigten sich von ihrer reifen, üppigen Schönheit und ihrem freien, selbstbewussten Auftreten beeindruckt, aber auch befremdet, wie dem Brief Lyonel Feiningers an seine Frau Julia zu entnehmen ist: »Wir stehen hier zwei vollkommen freien, aufrichtigen Menschen von ungewöhnlicher Großzügigkeit gegenüber, die Hemmungen nicht anerkennen und die hierzulande eine solche Seltenheit sind, dass sie notwendig störend und ungewohnt wirken … Mag er nun schöpferisch sein oder nicht – eine Persönlichkeit ist er wie kaum ein zweiter hier – und ›sie‹ ist auch Klasse für sich.«[41]

Almas Interesse an den gesellschaftlichen Verhältnissen der Kleinstadt und am Bauhaus blieb dagegen gering. Die meist bettelarmen Studierenden, die mit geschorenen Schädeln und Russenkittel ähnlichen Gewändern auftraten, fielen ihr besonders unangenehm auf, da sie neben ihrer skurrilen Erscheinung aufgrund einer vegetarischen Kost nach der Mazdaznan-Lehre, die Itten eingeführt hatte, stark nach Knoblauch stanken. Die Weimarer Bürger erschienen ihr provinziell und kleinkariert und ihr Gatte, vor diesem Hintergrund, unbedeutend. Auch blieb ihre Hoffnung unerfüllt, Gropius von seiner Forderung nach Scheidung und Abtretung des Sorgerechts abbringen zu können. So war sie, wie sie Helene Berg in einem Brief anvertraute, froh, all das Unangenehme hinter sich lassen zu können: »Ich bin von meinem Passionsweg bald erlöst … Was ich in diesen vierzehn Tagen gelitten habe, ist unbeschreiblich. Alles, aber auch alles stört mich an ihm. Wir quälen uns sinnlos tot, und doch war es richtig, dass ich hergefahren bin. So etwas weiß man ja nur selbst. Aber wenn ich die Grenze passiert haben werde, werde ich schreien vor Glück. Was mit mir weiter geschieht, ist gleichgültig.«[42]

Nach Wien zurückgekehrt, wo Werfel auf sie wartete, ließ sie Helene wissen, sie habe Gropius nun endlich um Scheidung gebeten, da sie den gegenwärtigen Zustand so nicht mehr lange ertrage – und verschwieg der Freundin, dass dieser die Trennung schon lange gefordert hatte. Doch Gropius schien nicht so recht an die Endgültigkeit ihres Entschlusses zu glauben, denn er gab der Mutter gegenüber immer noch vor, an der Ehe festhalten zu wollen. Er empfinde nun, da beide abgereist seien, eine große Leere und hoffe daher, für den Herbst eine Wohnung in Weimar zu finden. Zunächst jedoch wolle er nach Semesterschluss nach Bad Kissingen zur Kur fahren, denn er sei äußerst abgespannt und müsse sich absolute Ruhe gönnen. Er fahre, obwohl er es kaum bezahlen könne, denn er habe das Gefühl, es gebe nur ein Wichtiges für die nächste Zeit: Kraftreserven sammeln; das Geld werde doch fortgenommen.

Als Manon Gropius, die sich nicht täuschen ließ, den Sohn ermahnte, sich nicht weiter selbst etwas vorzumachen, und auch die Schwiegermutter Anna Moll die Ehe verloren gab, drängte Gropius die wieder unentschlossene Alma erneut zur Scheidung. Alles sei Lüge, schrieb er der einstmals Geliebten, alles sei Schein und müsse nun endlich ein Ende haben. Sie solle aus Rücksicht auf ihn nicht länger auf der Ehe beharren und ihn nicht durch Versprechen, die sie nicht einzulösen gedenke, in eine unerträgliche Rolle drängen. Er habe bis zum Äußersten an ihr festgehalten, doch nun habe das alles keinen Sinn mehr. Ihre Worte seien ihm bislang wie absolute Wahrheit erschienen, nun fürchte er sie als Seelenverführung. Ihr herrliches Wesen sei – und hier verrät Gropius erneut antisemitische Ressentiments – vom jüdischen Geist zersetzt. Erst wenn sie zu ihrem arischen Ursprung zurückkehre, werde sie ihn wieder verstehen können. Heute sei er ihr ebenso fremd wie seine Ideen, seine Freunde, seine Stellung zur neuesten Kunst, seine Leiden im Krieg, die ihn geistig gefördert hätten. Er habe vor, von Grund auf neu zu bauen, und brauche die Frau, die alles mit ihm teile, die ihm vielleicht einmal den Sohn gebäre, dem er seine Möglichkeiten und seinen Aufwärtsdrang vererben könne. »Alles dieses willst Du, kannst Du mir nicht schenken. Ich aber kann mich nur ungeteilt verschenken, wenn Du Dich mir ganz hingeben kannst. Was Du willst, ist ein furchtbarer Kompromiss, auf dem kein Segen ruhen kann. Unser Band ist abgelaufen und es bleibt nur der bittere Weg der SCHEIDUNG.«[43]

Alma, die es sich wieder anders überlegt hatte und doch keine Scheidung wollte, schlug nun vor, das eine halbe Jahr mit ihm und das andere mit Werfel zu verbringen. Gropius lehnte ab. Eine Rolle in einer Dreiecksbeziehung entsprach so gar nicht seinem hohen Ideal, dem Selbstbild des genialen Künstlers mit einer treuen Frau an seiner Seite. Er war nicht bereit, sich auf eine pflichtschuldige Hälfte einzulassen, sondern suchte die Gefährtin, die ausschließlich ihn und sein Werk liebte. Nicht einmal die Liebe zu seinem Kind konnte ihn dazu bewegen, sich Almas Forderung zu unterwerfen. Er bat sie zwar immer wieder, ihm das Kind nicht weiter zu entziehen und damit das Recht des Kindes und seines mit Füßen zu treten, ließ sich auf ihr Spiel aber nicht ein. Mutzi sei, das gab er zu, das schwerste, das fast unlösbar scheinende Problem. Er liebe und vermisse sie unausgesetzt und werde sein Recht auf sie niemals aus der Hand geben. Und auch sie habe ein Recht auf den Vater, der ihr bislang fortdauernd vorenthalten werde.

Alma wusste zwar, dass sie aufgrund ihres Ehebruchs juristisch schlechte Karten hatte, wischte aber alle Einwände von Gropius selbstbewusst beiseite. Sie wollte weder auf den nahen Liebhaber noch auf den fernen Ehemann verzichten. Das Faustpfand, das diesen immer wieder nach Wien und zu ihr zurück bringen sollte, war die gemeinsame Tochter, mit der sie lockte und drohte: »Wann aber wirst Du sie sehen wollen! Wirst Du mir denn gar nicht mehr verzeihen?«[44]

Um Gropius doch noch zum Einlenken zu bewegen, bat sie sogar Werfel, für sie einzutreten und sich dem Rivalen gegenüber freundschaftlich zu zeigen. In jeder einsamen Minute, schrieb dieser folgsam, spreche Alma von ihm, ihrem Mann, und dem schweren Konflikt, der sie peinige. Ihr großes Herz sei keine Minute frei von Depression. Sie sei so nervös und zerrissen, dass ihn ihr Zustand tief beunruhige. Tausendmal habe er ihm schreiben wollen und es immer wieder verschoben,

50

Lily Hildebrandt und andere Schülerinnen Adolf Hölzels in Dachau (1906)

doch nun müsse es sein. Er sei ihm vom ersten Tag an innig und wert. Er kenne keinen Mann, dessen Freund sein zu dürfen ihm solch ein natürliches Glück wäre. Doppelt stark sei sein Gefühl, weil durch den Zusammenstoß ihrer unabwendbaren Schicksale Wunden geschlagen worden seien. Er hoffe, ihn in Weimar wiederzusehen, wo er auf seiner bevorstehenden Lesereise Station machen werde.

Gropius antwortete auf Werfels Brief nicht. Was Alma nicht wusste: Gropius hatte im September 1919 bei einer Tagung des Deutschen Werkbunds in Stuttgart eine Frau kennengelernt, die sich nicht nur in ihn verliebt hatte, sondern sich auch für seine Arbeit interessierte: Lily Hildebrandt – 32 Jahre jung, schön, unternehmungslustig, ebenfalls verheiratet und in der Kunstszene gut vernetzt.

11

Lily Hildebrandt entstammte dem Fürther Zweig der Familie Uhlmann, die einige bedeutende Rabbiner und Unternehmer hervorgebracht hat. Ihr Vater Sebastian Uhlmann war Direktor der Unionwerke Maschinenfabriken Mannheim-Berlin. Die Familie gehörte zum wohlhabenden, weltoffenen Bürgertum des Kaiserreichs, das Wert auf Bildung und Ausbildung der Kinder legte, auch der Mädchen, ohne dabei in erster Linie an Erwerbsarbeit zu denken.

Lily hatte nach der Höheren Töchterschule ein Mädchenpensionat in Genf besucht, danach an der Damen-Malschule Adolf Meyers in Berlin Privatunterricht genommen. Der Besuch einer solchen Schule war damals der einzige Weg, sich zur Malerin ausbilden zu lassen, denn die Kunstakademien nahmen im Namen der Schicklichkeit – besonders das Aktstudium wurde für bedenklich gehalten – bis auf wenige Ausnahmen keine Frauen auf. Die Frauen galten den Akademien zudem als weniger begabt für die Kunst als die Männer, und selbst von den Künstlern, die aus Erwerbsgründen Damen-Malklassen anboten, deren Besuch mit 2- bis 3000 Mark jährlich nicht gerade preiswert war, dachten wohl nicht wenige wie Bruno Paul. Paul lässt in einer Karikatur im *Simplicissimus* unter dem Titel »Malweiber« einen malenden Künstler zu einer ihm über die Schulter schauenden Dame sagen: »Sehen Sie, Fräulein, es gibt zwei Arten von Malerinnen: die einen möchten heiraten, und die andern haben auch kein Talent.«[45]

Während eines Sommerkurses lernte Lily Adolf Hölzel kennen und schloss sich seiner Malschule in Dachau an. 1908 heiratete sie den Kunsthistoriker Hans Hildebrandt, wohnte zunächst in München und zog drei Jahre später nach Stuttgart, wo ihr Mann sich an der Technischen Hochschule habilitierte. Sie selbst wurde, wie schriftliche Aufzeichnungen und Studienblätter zeigen, Gasthörerin Hölzels an der Kunstakademie. Geldsendungen der Eltern ermöglichten dem jungen Paar ein von Erwerbszwängen unabhängiges, der Kunst geweihtes Leben.

In Stuttgart herrschten damals für Künstlerinnen gute Bedingungen. Es existierte eine zur Akademie gehörende Damen-Malklasse, in die Lily als Schülerin eintrat, als Hölzel die Leitung übernahm. Und es gab den Württembergischen Malerinnen-Verein, der in der Eugenstraße ein eigenes Domizil mit Ateliers, Wohnungen und Ausstellungsräumen besaß, in dem Lily außerordentliches Mitglied wurde.

Lily beteiligte sich 1913 an dem von Hölzel eingerichteten Expressionisten-Saal der Stuttgarter Kunstausstellung – von der konservativen Presse als »Schreckenskammer« betitelt – und an der Juryfreien Kunstschau im Berliner Sezessionshaus mit einem in farbige Flächen und geometrische Formen aufgelösten Bild, das im *Berliner Tageblatt*, wenn auch freundlich-herablassend, Erwähnung fand: »Lily Hildebrandts weiblicher Akt ist eine reizvolle Arbeit im Sinne ihres Lehrers Hölzel.«[46]

Noch galt Lily als Schülerin Hölzels, war aber schon dabei, den eigenen Weg zu suchen, gemäß der Devise ihres Lehrers, man müsse lernen, worauf es ankomme, und die richtige Formel, am besten die eigene, dafür finden. Sie nahm an der Ausstellung des Malerinnen-Vereins in den Räumen des Württembergischen Kunstvereins und an der Ausstellung *Hölzel und sein Kreis* im Kunstverein Freiburg teil. Sie zeigte im Kunsthaus Schaller erste Hinterglasbilder im Stil bayrischer Bauernarbeiten, wie sie damals auch von anderen Avantgarde-Künstlern wie Klee, Kandinsky, Macke und Marc ausgeführt wurden. Das Kunsthaus Schaller war damals unter dem Einfluss von Käte Schaller-Härlin, selbst Künstlerin und Gasthörerin Hölzels, ein wichtiger Ausstellungsort der Stuttgarter Avantgarde.

Für den vierjährigen Sohn gestaltete Lily 1918 das Kinderbuch *Klein-Rainers Weltreise*, das in geometrischen Grundformen und Grundfarben aus Buntpapier eine etwas betuliche Geschichte – sie entstammte der Feder von Hans Hildebrandt – von Wurstel, Storch Schnabellang, Vogel Huschebald und eben Klein-Rainer erzählt und collagenhaft ins Bild setzt. Das Buch erreichte eine hohe Auflage, wurde ins Russische übersetzt und gilt bis heute als eines der frühesten modernen Kinderbücher. Rezensionen in der *Frankfurter Zeitung*, der *Vossischen Zeitung* und der Zeitschrift *Deutsche Kunst und Dekoration* lobten die farbenfrohen Kombinationen, die Klarheit der Form und die verblüffend unverbildete Entschiedenheit.

Da Hans Hildebrandt nach seiner Habilitation nicht auf einen ordentlichen Lehrstuhl berufen wurde und die familiären Zuwendungen infolge des Krieges wohl spärlicher flossen, musste Lily, aufgewachsen als wohlbehütete Tochter in wohlhabendem Ambiente, nun doch versuchen, etwas dazuzuverdienen. Sie kam als freie Mitarbeiterin bei der Lokalredaktion des *Stuttgarter Neuen Tagblatts* unter, dessen Kunstkritiker Karl Konrad Düssel mit Hölzel befreundet war. Sie schrieb mit leichter Hand, zum Teil unter dem Pseudonym »Lilian«, auch für das *Schwäbische Bilderblatt* und die Beilage des Tagblatts *Die Frau*, vor allem über Mode, Reisen und Kunst. Artikel über künstlerische Handtaschen und die Vorzüge des Schaumweins wechselten sich in lockerer

Folge ab mit Geschichten über Sommerfreuden am Badestrand, Skifahren in Arosa, das Stuttgarter Kabarett Clou und alles, worüber Stuttgart sprach. Mit den Texten und dazugehörigen Fotografien verdiente sie etwa 100 bis 120 Mark im Monat.

Lily und Hans Hildebrandt bewohnten seit 1913 an den Hängen des Stuttgarter Talkessels eine große Wohnung in der Gerokstraße 63, die unter tatkräftiger Mithilfe des Dienstmädchens Bertha, die 44 Jahre lang den Haushalt führte, bald zu einem Mittelpunkt des künstlerischen und geistigen Lebens der schwäbischen Metropole wurde. Wer einen Namen hatte oder zu Hoffnungen berechtigte, ging hier ein und aus. Sohn Rainer nannte seine Mutter eine große Gastgeberin, deren Kunst sich auch in bitteren Zeiten bewährte. Künstlerisch begabten Menschen beizustehen, sie mit Mäzenen zusammenzuführen, sei ihr immer ein Herzensanliegen gewesen. Sie habe Gesellschaften über alles geliebt. Sobald es klingelte, habe sich ihr Gesicht verschönt.

Nun also waren sich Lily und Gropius in Stuttgart begegnet und hatten sich ineinander verliebt. Ein intensiver Briefwechsel setzte ein. Der erste erhaltene Brief von Gropius datiert vermutlich vom 10. September 1919 und zeigt sich expressionistisch angehaucht. In ihm scheint sich der Einfluss der Künstlervereinigung »Gläserne Kette« auszuwirken, der Gropius unter dem Pseudonym »Maß« angehörte und in deren Briefwechsel viel von Kosmos und Befreiung die Rede war. »Zwei Meteoriten begegneten sich im großen Weltall und küssten sich einen Augenblick heiß mit ihren rasenden Feuerstreifen. Denk an mich und ändere Deine Bahn, Lilina, und denke an den Windhauch, der über die Gärten des Paradieses streicht und sich schmachtend verliert in den schwarzen Locken, die ihn halten.«[47]

Nicht weniger beschwingt und hochgestimmt ging es weiter. »Lass uns in den Kosmos fliegen – ohne Kleider, ohne Falten im Weltenäther schwingen – frei und abgelöst mit entschleierten Seelen, vergangenes Leid unter den Wolken lassend – von Erde nichts wissend und nichts von unseren Geheimnissen, die wir fühlend ahnen, umschlungen und Mund auf Mund einen Becher Unendlichkeit trinken! Ich freue mich an Dir wie ein jubelndes Kind.«[48]

Bald wurde der Briefwechsel, zumindest von Gropius' Seite, irdisch-erotischer: »Dein Sonntagsbrief heut' Morgen hat mich *wild* gemacht, meine Sinne brausen über. Ich muss an mich halten, dass ich nicht plötzlich zu Dir tose und Dich in meine Arme schließe. Es ist ein solches Glück für mich, wenn Du so offen mich in Dich hineinschauen lässt, wenn ich Dich so empfangsbereit erblicke, wenn ich Deine süßen Ratlosigkeiten erkenne, Deine süßen Sinne zu mir hinschwingen, Du liebenswertes Weib, Du!«[49]

Von Anfang an umschreibt Gropius in seinen Briefen Lilys Rolle im Liebesduett klar und deutlich. Sie hat die »empfangsbereite« Geliebte zu sein, aber auch die mütterliche Freundin, die ihm hilft, all die kleinen und großen Sorgen, die er zu haben glaubt, zu vertreiben und Herr seiner Wünsche und Ziele zu bleiben.

Sein Leben, ließ Gropius Lily wissen, habe ein rasendes Tempo, die Erlebnisse lösten sich ab, viele wichtige Menschen suchten ihn auf. Er sei eigentlich recht glücklich in seiner Arbeit. Nur Geld fehle, um die materielle Not der Schüler zu mildern. Zwar versuche er überall Geld zu beschaffen, aber er habe dafür wenig Talent. Ob sie nicht helfen könne, einige zahlungswillige Kapitalisten für ihn zu finden?

12

Die Briefe, die Gropius an Lily schrieb, verblüffen durch das fast nahtlose Nebeneinander von Sachlichkeiten und Liebesschwüren, nur durch einen Punkt, vielleicht noch ein, zwei Gedankenstriche getrennt. Vom Brausen der Sinne wechseln sie unvermittelt zum Kampf um das Bauhaus. Die Briefe überraschen auch durch die Distanz, die sie allen heißen Liebesworten zum Trotz von Anfang an einhalten. Sie enden oft mit »Dein Wanderstern« und deuten damit an, dass der Liebesbund nicht auf Muße und Verweilen beruht, sondern auf Bewegung und Weiterziehen – allerdings nur für ihn selbst. Denn während sich Gropius die Option des Wanderns offenhielt, ging er wie selbstverständlich davon aus, dass Lily ihm treu sei. Er sei zwar, schrieb er ihr, ohne kleinliche Bürgerlichkeit, vertraue aber auf seine unwiderstehliche Anziehungskraft.

Nach einer verschwiegenen Begegnung im Frankfurter Carlton-Hotel bedankte sich Gropius für die Zärtlichkeiten und beschwor – irgendwie unvermittelt, vielleicht hatte Lily erste Anzeichen von Eifersucht gezeigt – seine momentane Treue, nicht ohne auf seine Beliebtheit bei der Damenwelt anzuspielen. Wollte er Lily vor Augen führen, dass seine Zuneigung eine Auszeichnung war, die es gegen harte Konkurrenz immer von neuem zu erringen galt? »Deine lieben Zärtlichkeiten sog ich froh in mich. Nein, mein Herz, ich bin in keine andere Frau verliebt, habe keine geküsst, auch bei dem großen Fest neulich nicht. Aber es scheint, dass ich in einem Alter und einer Geistesverfassung bin, die Frauen anzieht, denn viele machen mir Avancen. Das darf Dich aber nicht anfechten, im Gegenteil. Nach der süßen Frankfurter Sättigung bin ich in meiner erotikfreien Epoche und gehe ganz in meiner geistigen Arbeit auf.«[50]

Zentrales Thema der Briefe war und blieb das Bauhaus, die viele Arbeit, das rasende Tempo und der harte Kampf, den Gropius in Weimar gegen rechte politische Gruppierungen und alteingesessene Künstler, die sich durch die neue Kunstschule an den Rand gedrängt fühlten, auszufechten hatte. Alte und neue Weltanschauung prallten gerade im konservativen Weimar besonders stark aufeinander. Es kam zu Pressekampagnen, Hetztiraden, persönlichen Verleumdungen und schließlich im Februar 1920 auf Veranlassung der Staatsanwaltschaft zu einer Durchsuchung der Bauhaus-Räume durch die Kriminalpolizei, wobei allerdings nicht mehr beschlagnahmt werden konnte als die sechzehn recht freizügigen Radierungen der erotischen Schöpfungsgeschichte *Die Erbsünde* von Professor Walther Klemm.

Je nach Erfordernis gab Gropius sich in den Briefen an Lily stark und kämpferisch, um die Geliebte zu beeindrucken, oder schonungsbedürftig, um Hilfe und Nachsicht zu erwirken. Seine Kräfte wüchsen in diesem Kampf. Er gehe hart und kompromisslos weiter, aber es werde viel Nervensubstanz kosten. Die vergangene Woche sei schwer gewesen. Er habe seine ganze Manneskraft und Ruhe aufbieten müssen, um den Ansturm der heulenden Meute aufzuhalten.

Arbeit und Kampf dienten Gropius immer wieder als Rechtfertigung dafür, Treffen zu verschieben und Lilys Briefe nicht umgehend zu beantworten. Ihr letzter Brief sei erst gestern gekommen und er habe nicht gleich schreiben können, da er sich in einem furchtbaren Strudel von Gefahren befinde. Der Mob hetze mit den gemeinsten Mitteln gegen ihn. Er könne deshalb Weimar jetzt nicht verlassen. Vielleicht gelinge es ihm, mit ihr, wie beabsichtigt, nach Berlin zu fahren, es sei aber noch ganz ungewiss.

Neben Arbeit und Kampf fanden auch Alma, Mutzi und Lilys Ehemann in den Briefen Erwähnung. Über Alma klagte er, Mutzi vermisste er, Hans Hildebrandt lobte er. Er wolle ihm gerne helfen, versicherte er Lily, und ihm ein Freund sein dürfen – und bot damit an, was er als Vorschlag Werfels für sich so vehement ablehnte. Wollte er ein Dreiecksverhältnis etablieren? Wollte er mit seinem Angebot sein Gewissen beruhigen oder Lily klarmachen, dass er als Ersatz nicht zur Verfügung stand und sie daher gut daran tat, an dem, was sie hatte, festzuhalten?

Immerhin war Gropius nach wie vor verheiratet, da Alma eine Scheidung weiterhin ablehnte. Sie gab die Schlacht noch nicht verloren und jonglierte in ihren Briefen gekonnt mit den Schmeicheleien einer Liebenden, den Beschuldigungen einer verlassenen Ehefrau und dem Selbstmitleid eines armen Hascherls. Sie versuchte Gropius einzureden, sie lebe von Werfel, der unten in Breitenstein wohne und arbeite, durch das Gelöbnis der Enthaltsamkeit streng getrennt. Dieser werde ihn im Herbst einmal für längere Zeit besuchen, wenn er, Gropius, dies wünsche.

Gropius wünschte es nicht. Er beklagte stattdessen Almas mangelndes Einfühlungsvermögen und schwankende Entschlusskraft, die ihn zutiefst kompromittierten und seines Rechtes auf das gemeinsame Kind beraubten. Er wollte nicht wahrhaben, dass es Alma nicht gegeben war, etwas, das sie einmal besaß, aufzugeben, und Männer, die sie nicht mehr liebte, für immer loszulassen. Er zog es vor, sich ungute Gründe für ihr hässliches Verhalten auszudenken, die wohl mit der erotisch aufgeladenen Atmosphäre in Almas Salon – nach Aussage des Schwiegersohnes Krenek war Sex das Hauptgesprächsthema – und ihren zahlreichen amourösen Eskapaden zu tun hatten. »Was hat das Unglück aus Dir gemacht, dass Du so hasserfüllt, so rechtlos gegen mich handelst? Weil ich nichts Halbes wollte? … Ich weiß über die Ferne hinweg nicht mehr, wie es in Dir aussieht, was der Grund Deines Nicht-Handelns ist, ob Liebe zum andern, oder Hass gegen mich, oder im Unglück verlorene Entschlusskraft, oder noch etwas, was ich nicht aussprechen kann?«[51]

Als Alma im März 1920 wieder einmal nach Weimar kam, um Mutzi bei ihrem Vater zu lassen und selbst weiter nach Berlin zu fahren, wo Werfel auf sie wartete, verhandelten sie erneut über das Kind. Dass Gropius ihr Angebot einer Dreiecksbeziehung nach wie vor ablehnte und das väterliche Sorgerecht forderte, machte Alma, wie wir dem Tagebuch entnehmen können, sehr, sehr wütend: »Eben habe ich die Bestie Mensch in ihrer scheußlichsten Blüte gesehen. Gropius mit bösem, hässlichem Gesicht will das Kind – zur Hälfte. Dann muss ich sie ihm ganz lassen, denn teilen kann ich nicht.«[52]

Nicht nur Alma sah sich, wie dem Tagebuch und den Briefen an Helene Berg zu entnehmen ist, als hilfloses Opfer einer bösartigen Welt, deren Bewohner sie unnötig quälten, sondern auch Gropius. Er klagte sein

Leid der Mutter, die nach den öffentlichen Auftritten Almas und Werfels in Berlin wusste, dass eine Scheidung unvermeidlich war. Er fühle sich von Alma in ihrem krankhaften Stolz zerfleischt und missachtet. Sein Kind, das er liebe, werde groß, und er kenne es nicht. Sie stelle in ihrer Selbstherrlichkeit das Recht auf den Kopf, und das müsse sich einmal furchtbar an ihr rächen. Er fühle sich entrechtet und zutiefst beschämt. »Seit sie sich entschlossen hat, nicht zu mir zu kommen, und mich mit meinem Kind für dauernd verlässt, trage ich das Zeichen der Schändung für immer in mir und kann niemandem mehr frei in die Augen schauen. Ich bin an Jahren noch jung, aber ich bin aus den furchtbaren Kriegs- und Friedenskämpfen als Krüppel hervorgegangen, ich kann mich nicht wieder erholen.«[53]

Erstaunlich larmoyant für einen fronterprobten Ritterkreuzträger, der entschlossen ist, gegen bürgerliche Konvention und Prüderie, kurz eine Welt von Spießern, zu kämpfen, auch wenn man bedenken muss, dass er noch immer an den Spätfolgen des Krieges, an Schlaflosigkeit und schnell eintretender Erschöpfung, litt. Doch es war wohl nur eine schwache Stunde, denn bald fühlte er sich wieder Herr der Lage: »Mein Muttchen, Du sollst *froh* sein, dass ich nicht hinter dem Ofen schlafe, sondern in den vordersten Reihen stehe und für Wahrheit und Gesinnung kämpfe. Ich bin nun mal kein Duckmäuser und mit der Aufgabe wächst meine Kraft.«[54]

Trotz Arbeit und Kampf, neuer Liebe und altem Trennungsschmerz gelangen Gropius – er wirkte nach wie vor äußerst anziehend auf Frauen – weitere Eroberungen. Im März 1920, als er bereits einige Monate mit Lily liiert war, begegnete er in Weimar der 33 Jahre alten Dichterin Maria Benemann.

13

Maria Benemann, geborene Dobler, entstammte einer strenggläubigen Familie. Der Vater, zu dessen Linie einige Missionare gehörten, war Vorsteher der Herrnhuter Brudergemeinde Bautzen. Maria hatte nach dem Besuch der Höheren Töchterschule, an der sie neben Elementarkenntnissen Klavierspielen und etwas Französisch gelernt hatte, eine einjährige Ausbildung zur Fröbel-Kindergärtnerin absolviert und jung geheiratet. Bald fühlte sie sich unzufrieden mit ihrem Dasein als Hausfrau und Mutter, griff zur Feder und schrieb erste Gedichte, Novellen, ein Kinderbuch. Für ihren Roman *Ingeborg* bat sie 1911 den großen Jugendstil-Künstler Heinrich Vogeler um Illustrationen und geriet in der Folge wie auch ihr Mann, der Buchhändler Gerhard Benemann, in den Bannkreis des Worpsweder Künstlerkreises. Benemann gründete auf Vogelers Rat hin den Horen Verlag, und Maria wurde klar, wie sehr sie bisher unter ihrem biederen, kunstfeindlichen Umfeld gelitten hatte.

Fest entschlossen, weitere Kontakte zu jenen Kreisen wertvoller Menschen, denen sie sich nun zugehörig fühlte, aufzubauen, schickte sie einige ihrer Gedichte an die Monatsschrift *Die weißen Blätter*, in der die neuen lyrischen Werke von Else Lasker-Schüler, Rainer Maria Rilke und Franz Werfel publiziert wurden. Drei der Gedichte im expressionistischen Stil wurden angenommen und erschienen im März 1914 in guter Gesellschaft. Zu ihnen gehört das eher prophetische als gelungene und recht martialisch klingende Gedicht *Herr, nun ist's Zeit*:[55]

Herr nun ist's Zeit. Es stehen Katastrophen
Am Horizonte wie erstarrt in Waffen.

Herr es ist Zeit, sie nun herbei zu raffen
Und ein Entsetzen in das leere Gaffen

In Deiner Völker ausgebrannten Ofen
Ein neues Grauen schwer hinein zu schaffen.

Herr es ist Zeit, uns Späher zu vernichten,
Die wir Dich nur wie ein Phantom erdichten:

Dass wir das Unerfassliche nicht mehr befassen …
Herr es ist Zeit Dich nun allein zu lassen.

Unverhofft sah sich Maria Benemann, mit 27 Jahren und wenigen, noch etwas unfertigen Werken, in einen erlauchten Dichterkreis aufgenommen. Besonders die Bekanntschaft mit Franz Werfel, dessen Gedichte sie stark ergriffen, blieb nicht ohne Eindruck, auch wenn beim ersten Kennenlernen seine kleine, beleibte Gestalt sie etwas ratlos zurückließ.

Aufgrund des schönen Erfolges noch mutiger geworden, schickte sie das Gedicht *Der Pilot* an Richard Dehmel, noch immer ein glühender Stern am deutschen Dichterhimmel. Dehmel, ein Frauentyp mit dunklen Haaren und tiefen Schmissen im Gesicht, bekannt für seine Anfälle und Ausbrüche von Leidenschaft, bedankte sich artig bei der »lieben Dichterin«. Da er das Gedicht für eine Huldigung seiner Person hielt, ließ er es in die nächste Ausgabe der Zeitschrift *Quadriga* aufnehmen, die zu seinem fünfzigsten Geburtstag als Hommage erschien. Auch in diesem Gedicht lassen Reim, Rhythmus und Bilder einiges zu wünschen übrig:

Es war wie Wahnsinn, der sich selbst befreit
Und war von Gott, und doch schon so bereit
Sich ihm als Bruder nah und gleich zu machen,
Und war wie erstes helles Götterlachen,
Das zu des Himmels blaugewölbten Stufen
Hindrang in unerhörtem Rufen.

Gott aber sah. Sein Bart stand steil und still.
Und sah noch immer hin auf Stadt und Hügel,
Wie einer ohne seinen weisen Will'
Ausbreitete erlöster Kräfte Flügel.

Die Menge schrie von Zweifeln hingedrängt
Und ahnend schon die Brust vor Macht zersprengt,
Gepeitscht in fieberhaftem Sturm.
Doch langsam flog der Mensch um einen Turm.

Er flog und stieg. Wie Lerchen ihren Liedern
Nachklettern, dass die eig'ne Luft sie leite,
Und klomm entzückt den flüchtenden Gefiedern
Erstaunter Vögel an die Seite.

Und jauchzte auf: Gott, Deine Welt ist mein!
Und wenn sie tausendmal Dich und sich selbst betrog,
Da sie sich winzig fühlte, schwach und klein.
Gott! Aber ich – ich flog.

Als Maria im Januar 1914 Dehmel bei einer Lesung in Berlin traf, war sie von seiner äußeren Erscheinung ebenfalls wenig angetan. Es scheint, als hätte sie sich die hehren Dichter insgesamt etwas ansprechender vorgestellt. »Es war wunderbar, den bereits Grauhaarigen seine Gedichte mit soviel jugendlichem Feuer selbst sprechen zu hören, doch fiel mir – leicht störend – ein ständiges Zucken seiner rechten Gesichtshälfte auf. Dies gab seinem Ausdruck etwas Unruhiges.«[56]

Das Zucken hielt Maria allerdings nicht davon ab, den Dichter im März in Abwesenheit der Gattin in dessen Haus in Blankenese zu besuchen. Sie machten einen Spaziergang, auf dem Dehmel monologisierte und sie selbst lauschte, »von Minute zu Minute mehr beglückt über die

Art, wie dieser große Dichter zu mir sprach. Als sei ich nicht nur eine Kollegin im Geiste für ihn, sondern auch ein Mensch, zu dem er trotz unseres großen Altersunterschiedes Vertrauen habe.«[57]

Als Maria bei einer kleinen Rast plötzlich einen behutsamen Kuss auf ihrem Nacken fühlte, sah sie sich auch als Frau begehrt und kehrte mit zwiespältigen Gefühlen zum Buchhändler-Gatten nach Berlin zurück. Kaum zu Hause, erhielt sie ein erstes ihr gewidmetes Gedicht, *Nur für Dich allein*, und ein intensiver lyrischer Austausch begann.

Sie folgte, von Gerhard Benemann in ihren dichterischen Ambitionen bestärkt, im April der Einladung zu einem festlichen Zusammentreffen aller Mitarbeiter an der Dehmel-Festausgabe der *Quadriga*. Anschließend lud der Herausgeber, Josef Winckler, Schriftsteller und Zahnarzt, Maria ein, Dehmel in seine Heimatstadt Moers zu folgen, wo er diesen einer gründlichen Zahnbehandlung unterziehen wollte. Maria, die sich von Dehmel ernstgenommen und in ihrer Berufung bestätigt fühlte, fuhr mit.

In Moers ließ Dehmel sie in vertraulichen Gesprächen wissen, dass er sich seiner zweiten Frau Ida ausgeliefert fühle und von ihr wegstrebe, dass er nur eine Frau liebe und wolle: sie. Maria wurde plötzlich klar, glaubt man ihren 1978 publizierten Erinnerungen, wie sehr Dehmel sie begehrte, und verliebte sich ihrerseits in den armen, gequälten Mann. Als Dehmel allerdings forderte, sie solle sich von Benemann scheiden lassen und seine dritte Frau werden oder aber ihn nie wiedersehen, verließ sie jeder Mut. Sie reiste, ohne eine Entscheidung getroffen zu haben, rasch ab und kehrte zu Mann und Kindern nach Berlin zurück, entschlossen, die leidenschaftliche Liebe in eine vernünftige Freundschaft zu verwandeln.

Das letzte Wort war aber noch nicht gesprochen. Weitere Briefe und Gedichte gingen hin und her, bis sich die Dichtergattin einschaltete, die befürchtete, dass die Affäre ernster war als andere oder es werden könnte, wenn Maria sich mutiger zeigen würde. Ida Dehmel griff rigoros durch: Briefe wurden abgefangen, Liebesgedichte an Maria umgearbeitet und umadressiert, mit Selbstmord gedroht, bis Dehmel wieder wusste, zu wem er gehörte. Das Liebesduett zwischen Maria und Dehmel war zu Ende, bevor es recht begonnen hatte.

Nur wenige Monate später ließ ein Ereignis den Liebeskampf vollends bedeutungslos erscheinen: Der Krieg wurde erklärt und Gerhard Benemann bereits in den ersten Tagen eingezogen. Richard Dehmel, mit fünfzig Jahre eigentlich zu alt für den Militärdienst, meldete sich freiwillig. Er wurde, getrieben von leidenschaftlicher Begeisterung, der älteste Rekrut der Armee, von den jungen Soldaten liebevoll »Papa Dehmel« genannt.

Aus seinen Gedichten sprachen nun chauvinistische Verblendung und Kriegsverherrlichung, die damit all jenen anderthalb Millionen lyrischen Elaboraten glichen, die allein im ersten Kriegsmonat entstanden. Im August gingen – eine Art poetischer Mobilmachung – täglich etwa 50 000 Kriegsgedichte in den Redaktionen der Zeitungen und Zeitschriften ein. Das Gedicht, das die Stimmung am besten wiedergab, war der *Hassgesang gegen England* von Ernst Lissauer, das, als Lied vertont, bald bekannter war als die *Wacht am Rhein*. Zeitungen druckten es, Lehrer deklamierten es vor den Kindern, Offiziere vor den Soldaten.

Auch Maria entflammte für den Krieg und reimte auf Fahne und Sieg, auf Opferbereitschaft, auf den Kampf für die höchsten Güter bis zum letzten Mann, das Herz klar zum Gefecht. Das Gedicht *Krieg* besingt im Stil eines alten Kirchenliedes den ehrenvollen Opfertod:

Das ist nicht mehr der Tod, den wir begreifen,
der Männer nachts in ihren Betten fällt,
da nachbarliche Pestilenzen reifen,
und der Verrat an allen Grenzen gellt.
…

Herr, ich bin Dein. Nimm mich als Deine Geisel,
und wirf mich tausendfach den Furien hin,
und form aus meinen Wirbeln Dir den Meißel,
für neue Werte, wenn ich nicht mehr bin.
...

Welche »Pestilenzen« Maria sah und welche »neuen Werte« sie erhoffte, bleibt unklar, doch das Gedicht *England* verdeutlicht, dass auch für sie der Kampf vor allem dem perfiden Albion galt:

Nur dieses eine wollen wir erleben,
Herrgott, der auch den Hass in uns versenkte,
dass wir noch einmal unsre Häupter heben,
wenn unser Hass England im Meer ertränkte.
...

Die im Eifer des Gefechts und der rechten Gesinnung noch etwas weniger gelungenen Verse künden von Marias festem Glauben, zum auserwählten Volk zu gehören, dem Gott letztlich den Sieg zusprechen wird. Das Gedicht *Es kam der Tag* wurde in der Zeitschrift *Das neue Pathos* veröffentlicht. Die beiden letzten Strophen lauten:

Ein Gott wiegt Völker spielend in den Händen,
und prüft in Weisheit, welches er vernichte,
dass er erbarmend eins zur Höhe richte,
um ihm sein ganzes Antlitz zuzuwenden.

Der gleiche Schrei ringt sich aus tausend Kehlen,
und Gott erstarrt vor seiner Allmacht Schwere,
und grübelt lange ... um ein Volk zu wählen,
das reif für soviel Gnade wäre.

Nur wenige Wochen nach Kriegsbeginn starb Gerhard Benemann an den Folgen einer Kriegsverletzung. Verlag und Buchhandlung, schon vor dem Krieg wenig erfolgreich, gingen in Konkurs, und Maria verlor mit dem Geschäft zugleich ihr Erbteil. Sie musste das Haus in der Siedlung Neu-Finkenkrug westlich von Berlin verlassen, das sie unter dem Namen »Insel Poet« zu einem zweiten Worpswede hatte machen wollen, und versuchen, von einer kleinen Kriegerwitwenrente zu leben.

14

Maria war nun eine der Witwen, über eine halbe Million sollten es insgesamt werden, die der Krieg weitgehend unversorgt zurückließ. Das Militärhinterbliebenengesetz von 1907 sah Renten vor, die nach Dienstgrad und nicht nach Zivilstand berechnet wurden und damit für die meisten Hinterbliebenen zum Leben nicht ausreichten. Während Offizierswitwen Renten in Höhe staatlicher Pensionen erhielten, mussten die Witwen von Mannschaftsgraden, zu denen Maria gehörte, jährlich mit 540 Mark, von Unteroffizieren mit 600 und von Feldwebeln mit 900 Mark auskommen – ein Kilo Butter kostete im November 1914 bereits 2,84 Mark. Ihre Eltern, die nach Auszahlung verschiedener Erbteile an die Kinder inzwischen selbst in beengten Verhältnissen lebten, konnten Maria nur gelegentlich unterstützen. Schließlich kam sie, von Verwandten vermittelt, mit der achtjährigen Tochter Ingeborg und dem vierjährigen Sohn Joachim bei der Familie Ritter in Geesthacht unter. Sie blieb über ein Jahr, obwohl das Verhältnis zum Familienoberhaupt, dem Arzt und Leiter der Lungenheilanstalt Edmundsthal, Johannes Ritter, nicht das beste war. Unterstützt von Ritter und dessen Onkel, dem Kunsthistoriker Karl Woermann, richtete Maria im September 1915 einen Brief an die Deutsche Schillerstiftung in Weimar mit der Bitte um

Maria Benemann, Gemälde von Anita Rée (1916)

Beihilfe. Sie sehe sich durch den Tod ihres Mannes und den Verlust von Verlag und Buchhandlung gezwungen, ihre literarischen Arbeiten als Erwerb anzusehen, und bitte, bis sie sich auf die neue Situation eingestellt habe, um eine finanzielle Zuwendung, da die Kriegerwitwenrente für die Erziehung der Kinder nicht ausreiche.

Der Generalsekretär der Schillerstiftung, Oskar Bulle, schlug dem Vorstand vor, Maria für die Dauer von zwei Jahren eine Zuwendung von 400 Mark jährlich als Erziehungsbeitrag für die beiden Kinder zukommen zu lassen. Bulle schrieb: »Auch wenn sie uns nicht so gut empfohlen wäre, wie dies durch unseren alten Mitarbeiter und Freund, Herrn Geheimrat Woermann in Dresden, geschieht, müsste der Einblick in die durchaus einer reichen Innerlichkeit entströmenden und von schönstem Formgefühl erfüllten Gedichte der vom Schicksal so schwer heimgesuchten Dame uns dazu veranlassen, ihr nach Möglichkeit beizustehen.«[58]

Maria war inzwischen von Geesthacht nach Blankenhain bei Weimar gezogen, um gegen freies Logis ein Erholungsheim für Künstler und Wissenschaftler zu leiten, das von dem Hamburger Kunsthistoriker Carl Georg Heise in einer stilvollen Villa in einem großen Park eingerichtet worden war. In der künstlerischen Atmosphäre Weimars und der ländlichen Abgeschiedenheit Blankenhains hoffte Maria, wieder genug Ruhe und Muße zu finden, um ihrer Berufung zu folgen. »Dichten muss ich in jeder Lebenslage«, ließ sie Josef Winckler wissen, »aber die Art des Windes, der in meine Harfe greift, bestimmt fortan, ob ich Freude und Erhebung oder den Irrsinn proklamiere.«[59] Neben neuen Gedichten entstanden auch einige Novellen, die 1916 in einem kleinen Band im Weimarer Kiepenheuer Verlag erschienen. Die kurzen Geschichten handeln von Liebe und Tod und idealisieren einen für immer verlorenen Gefährten, dem es, bevor er sterben musste, nicht vergönnt war, das Leben der Geliebten wie das einer Königin zu ordnen. Sie berühren, obwohl stilistisch unbeholfen, denn sie erzählen letztlich von Marias Angst vor der

Einsamkeit und der materiellen Unsicherheit, der sie sich ausgeliefert sah, ohne die Fähigkeit in sich zu spüren, das Leben in die eigenen Hände nehmen und meistern zu können.

Die Novellen wurden gründlich verrissen. Bemängelt wurden der wirre Stil und die verrutschten Bilder, die klischeehaften Ausdrücke wie »die Feuersäule der Seele« oder »die Schlange des Zweifels hing unter ihrer linken Brust und stieß sich ins Herz«.[60] Die Heftigkeit der Kritik sei so ungewohnt für sie gewesen, gestand Maria in den Erinnerungen, dass der Schock ihr jeden Mut zu weiteren Veröffentlichungen genommen habe und die Ursache ihres mangelnden Selbstvertrauens noch in späteren Jahren gewesen sei. Sie habe nur mehr einzelne Gedichte verfasst und an Zeitschriften gesandt; viele seien gedruckt, ja sogar bezahlt worden.

Als bei Maria eine alte Lungenerkrankung erneut ausbrach, ging sie, von der Mutter – der Vater war inzwischen verstorben – finanziell und bei der Betreuung der Kinder unterstützt, in die Schweiz. Die Auslandsreise mitten im Krieg wurde möglich, da Otto Binswanger, Direktor der Landesheilanstalt Jena, Maria als Patientin an seinen Neffen Ludwig Binswanger, Leiter des Sanatoriums Bellevue in Kreuzlingen, überwies. Von Kreuzlingen zog Maria nach kurzem Aufenthalt weiter nach Zürich, wo sich, wie sie wusste, im Hotel *Zum Schwert* Franz Werfel aufhielt. Im *Schwert*, vor der Eröffnung des Hotels *Baur en Ville* das erste Haus am Platz, traf sich die geistige Elite der kriegführenden Länder, die entweder pazifistisch gesinnt oder, wie Werfel, von ihrer Regierung zwecks »Kulturpropaganda« in die Schweiz geschickt worden war, denn alle kriegführenden Staaten waren bemüht, sich wenigstens auf dem neutralen Terrain der Schweiz als Kulturnation darzustellen. Bald zog Maria, die zunächst bei einer Freundin gewohnt hatte, trotz ihres knappen Reisebudgets, das sie durch einige Zeitungsartikel aufbesserte, ebenfalls in das Hotel und wurde Werfels dienstbarer Geist. Sie weckte den Meister des Morgens, las und beurteilte seine frisch aufs Papier geworfenen

Gedichte, beglückt, »von diesem brüderlichen, genial gesinnten Menschen und Dichter als Lyrikerin ernst genommen zu werden«.[61]

Doch Werfel, der seinem Schicksal in Gestalt von Alma erst ein Jahr später begegnen und dann von Maria seine Briefe zurückfordern sollte, blieb unverbindlich und hatte sie schon vor dem Zusammentreffen brieflich gebeten, keine allzu großen Hoffnungen in ihn zu setzen. Es ängstige ihn, dass sie in ihm Entscheidendes sehe für das, was kommen müsse. Er sei nicht imstande, solchen Erwartungen zu genügen. Er sei vielmehr unwürdig und verwirrter denn je, während er sie »so sehr erfüllt finde, zu solcher Stärke gesammelt, mit so hohem Blick. Sie sprechen nicht aus, was Sie tun, in welche Mitte Sie gestellt sind, aber wenn ich Ihren schönen lieben Brief lese, so habe ich das Gefühl, dass nach Schmerz, Not und Entsagung hier Entschluss und Überwindung da ist.«[62] Sie solle ihm gut bleiben, bat Werfel, denn er sei treu bis zum Ende, werde nur weiter nicht leicht zu fassen sein und »vielgestaltig« bleiben. Er wolle lernen und wissen und sammeln.

Bald reiste Werfel, von der österreichischen Regierung zurück nach Wien beordert, ab. Maria packte, wie gewünscht, seine Koffer und überbrachte in seinem Namen dem von Werfel verehrten Meister Ferruccio Busoni noch Grüße und einen Gedichtband mit Widmung.

Maria fühlte sich recht verwaist und kehrte bald nach Blankenhain zurück, ohne zu wissen, was nun geschehen sollte. Denn die Stärke, die Werfel in ihr zu erkennen glaubte, war wohl vorhanden, nicht aber die zur Überwindung ihrer Not erforderliche Entschlusskraft. Da es ihr aufs Erste unmöglich schien, die materiell unsichere Lage für sich und die Kinder selbst zu verbessern, bat sie Anfang 1917 die Schillerstiftung, die Beihilfe, die im September auslaufen sollte, zu verlängern.

Ihre Verhältnisse hätten sich nicht gebessert, führte sie aus, sie habe sich vielmehr während des Winters von ihren Kindern trennen müssen, um allein ein Unterkommen zu suchen. Sie lege den gedruckten Novellenband bei, auch wenn sie sehr bereue, ihn der Öffentlichkeit übergeben zu haben. Er sei in einer Zeit der inneren Unsicherheit und äußeren Not entstanden, als sie keinen Überblick über sich habe gewinnen können. Zu neuen Arbeiten und zur weiteren Entwicklung fehle ihr aufgrund der knappen Witwenrente und der Abhängigkeit von Zuwendungen, die plötzlich entzogen werden könnten, die nötige Ruhe. Sie lege dem Novellenband noch ein ungedrucktes Manuskript bei und bitte sehr, ihr die Unterstützung nicht zu entziehen.

Oskar Bulle befürwortete, die Beihilfe weitere zwei Jahre zu gewähren, auch wenn er nicht glaube, wie er dem Vorstand erläuterte, dass es Frau Benemann in der nächsten Zeit gelingen werde, sich durch Veröffentlichungen oder sonst wie aus ihrer bedrängten Lage zu befreien. Ihr Talent sei ein durchaus lyrisches, während die Novellen ihre Gabe als Erzählerin sehr in Zweifel stellten. Er habe sie ehrlich gesagt gar nicht verstanden. »Auf jeden Fall wird die Dichterin mit solchen Kunstwerken sich nicht auf einen grünen Zweig schwingen können, eher vielleicht noch mit ihren Gedichten, von denen wenigstens einige lesbar sind.«[63]

Nach dem Ende des Krieges zog Maria für ein paar Monate mit Sohn Joachim in ein möbliertes Zimmer in Berlin-Wilmersdorf, um in der Nähe des Malers Otto Freundlich zu sein, der zu den Gründungsmitgliedern der Novembergruppe gehörte und im Arbeitsrat für Kunst mitarbeitete. Freundlich habe sie gebeten, sich etwas um ihn zu kümmern. Nie im Leben, erinnerte sich Maria später, habe sie so viel Staub von Fußboden und Gegenständen entfernen müssen.

Nach einigen Monaten hausfraulicher Betätigung kehrte Maria nach Weimar zurück und begann eine Ausbildung als Organistin, in der Hoffnung, sich mit diesem Beruf eines Tages eine bescheidene Existenz aufbauen zu können. Die Witwenrente reichte ohne die Unterstützung durch die Schillerstiftung, die nicht ewig gewährt werden würde, zum Leben nicht aus. Die Mutter konnte ihr nicht mehr helfen, da sie zu Sohn Max nach Mexiko gezogen war. Obwohl Max auch Maria immer wieder mit Geld und Paketen versorgte, war die Not oft so groß, dass die Kinder zu Freunden in Obhut gegeben werden mussten. Leider zeigte sich bald, dass es Maria für den Beruf einer Organistin an Kraft und Ausdauer fehlte. Die immer schlechtere Ernährungslage griff erneut ihre Lunge an. »Nun war guter Rat wirklich teuer. Wovon sollte ich uns durchbringen?«[64]

Im Februar 1919 bat Maria die Schillerstiftung, die jährliche Hilfe zu erhöhen, da der Betrag angesichts der Erziehungskosten ihrer Kinder und der veränderten Verhältnisse bei weitem nicht ausreiche. »Eine größere Arbeit von mir lag Ihnen im Herbst vor, für die mir eine extra

Zuwendung freundlichst gemacht wurde. Ich hoffe, in einiger Zeit mit meinem Verleger abschließen zu können.«[65]

Die Stiftung bewilligte 500 Mark für zwei weitere Jahre. Wieder erkrankte Maria und musste Ende 1919 erneut ein Sanatorium aufsuchen. An weitere literarische Arbeiten war vorerst nicht zu denken. In ihrer Not wandte sie sich an den Freund Werner Deetjen, Direktor der Großherzoglichen Bibliothek. Sie schlug vor, in Weimar einen neuen Tempel der Kunst zu errichten, wo einige der wenigen geistigen Menschen der Zeit auftreten sollten: Rilke, Busoni, Werfel, Zweig, Carl Hauptmann, Romain Rolland. Sie selbst wünschte einen Abend Rilke und Werfel vorzulesen, vielleicht dazwischen einige ihrer eigenen Gedichte, danach Verse Stefan Georges, die sie augenblicklich tief berührten. Es kam nicht dazu.

Stattdessen schrieb sie hin und wieder, um die Rente aufzubessern, Zeitungsartikel über die neuen Berühmtheiten, die sie in der Schweiz kennengelernt hatte, etwa die Tänzerin Mary Wigman, für die sie sogar einen Auftritt im Weimarer Theater organisierte. Als der Kartenverkauf mehr als schleppend verlief, bat sie den Leiter des Bauhauses, den sie bis dahin nur flüchtig kennengelernt hatte, um Hilfe. Dieser versprach, das ganze Bauhaus ins Theater zu schicken.

15

Kurze Zeit später kam Maria dem umschwärmten Direktor auf einem Kostümfest des Bauhauses auch persönlich näher. Sie schickte ihm eine freundliche Einladung nach Blankenhain, und Gropius antwortete, wenn auch mit einiger Verspätung: »Durch eine Vergesslichkeit dessen, den ich damit beauftragte, ist der anliegende Gruß nicht in Ihre Hände gelangt, und Sie werden nun gar nicht begriffen haben, dass ich Ihren lieben Brief nicht beantwortete. Ich höre, dass Sie noch in Weimar sind, und will nur hoffen, dass Sie sich von der Grippe wieder genug erholt haben. Ich habe durch die Ereignisse nun mehr Zeit für mich wie in den letzten Wochen und werde Sie sehr gerne, vielleicht Anfang April in Blankenhain besuchen.«[66] Dazu kam es vorerst nicht, obwohl Maria weitere Einladungen schickte. Vielleicht wollte Gropius seine Begehrtheit durch Unabkömmlichkeit steigern, vielleicht wollte er Lily nicht betrügen, vielleicht spürte er aber auch, dass Maria zwar eine attraktive Frau war, aber nicht besaß, was er von einer Geliebten erwartete: Energie, Einfluss und den unbedingten Wunsch, ihn in seiner Arbeit und seiner Entwicklung zu unterstützen.

Als Maria nicht lockerließ, kündigte Gropius sein Kommen schließlich ernsthaft an und bat, ihm eine Unterkunft für die Nacht zu verschaffen. Der Begegnung folgte ein etwas längerer Brief, dessen Kopf mit vielen Sternchen bemalt war und sehr an die aus den Briefen an Lily bekannten Sternschnuppen erinnern. Auch der Tenor der Worte klingt vertraut, selbst der »Wanderstern« kam wieder zum Einsatz: »Maria, ich bin ein Wanderstern in diesem Weltraum, ich kenne nicht Anker, nicht Ketten, ich gehe ins Gebüsch, wenn ich leide, und komme nur zu anderen, wenn ich erfüllt und gebend bin, ich binde mich nirgends und an niemand. Ich lockere auf, wohin ich gehe, und schaffe Leben damit; ich bin ein Stachel und darum ein starkes und gefährliches Werkzeug!!!

Ich liebe: die Liebe ohne Gegenstand, die hohe, ewige Intensität. Du wolltest mich, und ich gab mich Dir, und es war schön und rein, zwei Sterne vereinigten ihren Flammenbrand.«

Maria scheint die Botschaft des Briefes nicht gut aufgenommen zu haben. Als schöne Frau an männliche Verehrung gewöhnt und auf der Suche nach neuer, fester Bindung, scheint sie von Anfang an selbstbewusster und fordernder aufgetreten zu sein als die verheiratete Lily und damit bei Gropius eine stärkere Abwehr hervorgerufen zu haben, denn nur wenige Wochen brauchte es, ihn gegen ihre Ansprüche rebellieren zu lassen. »Nicht drohen! Nicht fordern! Nicht erwarten! Denn alles ist Geschenk, was sich Menschen einander geben. Ich weiß nichts, ich verspreche nichts, ich trinke Deine Wärme dankbar in mich und eines Tages fährt das Schwert wieder aus mir heraus. Jetzt sitze ich in 1000fachem Leid in der Asche, bin unruhig und zerrissen und brauche Stille und Einsamkeit. Liebe! Dichte! Freue Dich an Deinen neuen Flammenbränden. Ich nehme Dich innig in die Arme. Deine Sternschnuppe.«[67]

Auch die weiteren Briefe wiederholten das Motiv der Sternschnuppe und blieben unverbindlicher, als es Maria, die wohl weniger das erotische Abenteuer als männlichen Schutz und bürgerliche Sicherheit suchte, recht war. Sie musste sich auf einem schwierigen Liebesmarkt behaupten, auf dem nach den vielen Toten und Versehrten des Weltkriegs die Nachfrage nach Männern das Angebot weit überstieg. Sie gehörte zu den 2,8 Millionen Frauen, denen demografisch nach dem Krieg keine Männer gegenüberstanden, und hatte es, obwohl noch jung und schön, mit zwei Kindern wohl besonders schwer, einen neuen Gefährten zu finden.

Wie Werfel verwies auch Gropius Maria immer wieder auf ihre Stärke und ihre Berufung zur Dichterin und verdeckte damit die schlichte Tatsache, dass er Marias Erwartungen weder erfüllen konnte noch wollte. Ihr fehlte offensichtlich Almas Fähigkeit, sich als »Zauberfrau«, wie Werfel Alma verehrend nannte, dem jeweiligen Geliebten unentbehrlich zu machen, ihn glauben zu lassen, dass nur sie und ihre Liebe ihn als

Künstler zu Erfolg und künstlerischer Reifung führen könnten. Stattdessen forderte Maria selbst Beistand und treusorgende Unterstützung ihrer eigenen künstlerischen Ambitionen, wie sie es von Gerhard Benemann gewohnt war.

Es falle ihm nicht leicht, so Gropius an Maria, ihr zu antworten. Mit Worten ließen sich komplizierte Empfindungswelten nur schwer umschreiben und sie wisse noch zu wenig von ihm und seiner losgelösten Meteorhaftigkeit. Er habe keine Angst vor ihrer Schwere, und Liebe in jeder Form könne dem Menschen ja immer nur Gutes bringen. Und doch solle sie lernen, fröhlich zu sein und leicht zu werden, sich von jeder Enge zu befreien und ihn als reizende Idee zu nehmen, die helfen wolle, sie aufzurichten. »Ich kenne Dich viel, schlag die Kapseln ab, die Dich einengen, geh ganz wahrhaftig und frei nach vorwärts, ohne Gefühlsverbrämungen, die noch Schlacken sind, dann wirst Du gewiss eines Tages ganz heiter werden, und Dein starker Wille zum Guten wächst über Dich hinaus. Ich grüße Dich! Ich bin Dir gut und nehme Dich herzlich in meine Arme.«[68]

Von inniger zu herzlicher Umarmung dauerte es nur einen Monat, doch gar nicht mehr zu schreiben brachte Gropius nicht übers Herz. Als Marias Sohn erkrankte, erkundigte er sich fürsorglich nach ihm und ihrem Aufenthaltsort, da er sie lange nicht mehr in Weimar gesehen habe. Zwar könne er ihr nach wie vor nicht mehr als Freundschaft bieten, doch er denke immer wieder lebhaft an sie. »Ich hoffe von Herzen, dass Du Dich aus den Lebenswirrnissen voller Groll herauszufinden beginnst, nachdem Du viel gelitten hast in dem letzten Jahr. Lass einmal von Dir hören und ich hoffe, dass es gut sei und dass dein Suchen einen Weg fand, der Dir mehr Ruhe und Sicherheit gibt als bisher; ich wünsche es Dir von ganzem Herzen, dass Du Deinen Ankergrund finden mögest, denn Du littest sehr unter Deiner Steuerlosigkeit.«[69]

Maria zögerte nicht, ihm zu schreiben, und schickte Gropius zwei Gedichtentwürfe mit der Bitte um sein Urteil. Dieser vergleichsweise leichten Pflicht wollte sich Gropius nicht entziehen, auch wenn es verwundert, welche Kompetenz er sich in lyrischen Fragen zutraute. Beachtung verdient der Wert, den er als radikaler Fortschrittsmann auf das speziell Weibliche legte, das die Dichtung einer Frau bestimmen sollte. »Die beiden Gedichte haben mir Freude gemacht, erstens weil sie echtem Erleben entspringen und dann weil sie den Kern des weiblichen Lebens und Fühlens, also den richtigen Vorwurf für die Dichtung einer Frau enthalten, und das ist zunächst das Wichtigste. Die Form ist noch nicht reif und nicht eigen genug. In dem Gedicht *Empfängnis* beginnst Du in der ersten und schließlich in der dritten Strophe mit Reimen, in der zweiten fehlt der Reim oder scheint nicht ganz gelungen! Das ist nicht gelöst. Gegen aufgelöste, reimlose Form ist nichts einzuwenden, aber dann auch Konsequenz!«[70]

Mit der Zusendung der Gedichte mag Maria versucht haben, Gropius, dessen Einfluss und Möglichkeiten sie zu überschätzen schien, als Mentor zu gewinnen oder wenigstens von der Ernsthaftigkeit ihrer lyrischen Bemühungen zu überzeugen. Doch ihre Briefe enthielten wohl immer wieder Forderungen, die Gropius, der ihr ja helfen wollte, gegen sie aufbrachte: »Ich hätte Dir schon eher geschrieben, wenn mich nicht Dein Brief, der mich hier an der See erreichte, förmlich gelähmt hätte, wenn Du mir nicht mit Deiner mir unverständlichen Art zu fordern, mir jede Möglichkeit nimmst, Dir Deine Bahn ebnen zu helfen. Man kann das nicht so tun, Maria! Ich wollte erst darüber schweigen, aber ich bin kein glatter Salonmensch, sondern ein scharfer Stachel, der gegen Phrase und Konvention anstürmt. In meinem ersten Brief damals schrieb ich Dir, es gebe für mich nur einen Standpunkt unter Menschen: Nichts fordern, nichts erwarten, nur schenken! Das hast Du nicht begriffen, er ist meine einzige Weisheit, die ich in einem starken Leben gelernt habe, von ihr gehe ich nicht ab, sie ist mein Kompass und Gradmesser geworden.«[71]

Was mag Maria gefordert haben? Dass Gropius als Lebensgefährte nicht zur Verfügung stand, muss ihr längst klar gewesen sein. Ein »B.«

wird im Brief genannt, der unschwer als der Maler Max Burchartz identifiziert werden kann, der sich nach dem Krieg ins ländliche Blankenhain zurückgezogen hatte. Burchartz war in Kontakt mit den Bauhaus-Lehrern gekommen und versuchte nun, einen neuen, konstruktivistischen Malstil zu entwickeln. Von seiner Bekanntschaft mit Maria zeugen zwei Bildnisse, eine Zeichnung und eine Fotografie, die er von ihr machte. In welcher Beziehung genau Maria zu Burchartz stand, der zu dieser Zeit Mitglied der Hannover Sezession und mit der Malerin Gertrud Bennecke verheiratet war, ob sie mit ihm liiert war oder auf eine engere Bindung hoffte, muss offen bleiben.

Gropius an Maria: »Ich kann Dir deshalb auf Deinen Brief nichts antworten, auch nicht auf Deine Frage B. betreffend. Das sind doch nicht Dinge, die man mit Liebenswürdigkeit erledigen kann. Ich halte die Augen offen und horche, wo ich eine harmonische Stimme vernehme, aber niemals werde ich mich auf einen Versorgungsstandpunkt stellen, den ich nicht verstehe. Wo ich glaube, gebe ich mein ganzes Vertrauen und meinen Besitz, aber dieser Glaube kann nicht von außen in mich hineingetragen werden; wo ich ihn finde, bin ich überglücklich. Was Du da tust – aus Unverstand, nicht etwa aus falschem Bewusstsein – muss Glauben zerstören. Das sage ich Dir alles ohne Groll. Du wirst mich hart und unerbittlich finden, aber ich kann nicht anders, als die Wahrheit zu sagen.«[72]

Welchen »Versorgungsstandpunkt« nahm Maria ein? Wollte sie Unterstützung für Burchartz erreichen oder bat sie für sich selbst? Welchen »Glauben« zerstörte sie aus Unverstand – dass Liebe ein Geschenk sei, das zu nichts verpflichte? Jedenfalls scheint es sich, aus Sicht von Gropius, erneut um völlig unannehmbare Forderungen gehandelt zu haben, denn sein Brief ist voller Groll. Trotz allem wich Gropius ihren Briefen nicht aus. Trotz des Schreckens, in den sie ihn, wie er behauptete, versetzten, beantwortete er sie, wenn auch bisweilen mit einiger Verspätung. Vielleicht sah er ihre Not und wollte helfen. Vielleicht brauchte er das

Gefühl, jemandem »die Bahn weisen« zu können, um die eigene nicht zu verlieren und über eigene Zweifel und Schwächen hinweg zu finden, immerhin hatte auch ihn der Krieg nicht unversehrt zurückgelassen.

Gropius an Maria: »Es verpflichtet mich tief, dass die Menschen mir Vertrauen schenken und zu mir kommen mit ihren Nöten und fühle mich doch selbst als so arm. Und das Verlangen anderer wirft mich dann wieder in die Höhe und aus mir heraus! Ich will gerne mit Dir reden und wir wollen sehen, was sich machen lässt, aber erwarte nichts von mir, ich weiß vorläufig keinen Weg. Ich bin selbst nur ein verkappter Bohémien, mein Helfen-können liegt im An-die-Hand-Nehmen Führungssüchtiger. Also komm und sag Dich vorher an. Grüße B. und versuche heiter zu sein, alles andere taugt nichts. Die ›traurigen Augen‹ sind in Dir, nicht in mir.«[73]

Er könne, so Gropius in einem weiteren Brief, Maria nur zu Heiterkeit und Bescheidenheit raten. Sie seien durchaus geeignete Hilfsmittel, um wieder ruhig und sicher zu werden, von innen zu leuchten und den richtigen Weg zu erkennen. Mehr als gute Ratschläge könne er ihr aber – Maria scheint um Empfehlung an willige und wohlhabende Unterstützer gebeten zu haben – in diesen auch für ihn und alle, die er kenne, materiell schwierigen Zeiten nicht geben. »Ich habe mich an gute Bekannte in Berlin gewendet, aber wer hat heute noch so viel Platz frei, um fremde Menschen bei sich aufzunehmen, ich habe auch kaum jemanden dort, an den ich mich noch wenden könnte nach den vergeblichen Versuchen. Ich werde nun noch einen Vorstoß machen, aber ich habe wenig Hoffnung. Du stellst schwere Anfragen an mich; die Menschen sehen es immer ungern, wenn man etwas von ihnen nehmen will.«[74]

Gropius bedauerte, dass Maria das Orgelspiel aufgegeben habe, und riet ihr zu disziplinierter Arbeit, damit sie eines Tages auf eigenen Füßen werde stehen können. Doch wie sinnvoll war ein solcher Ratschlag an eine behütet aufgewachsene höhere Tochter, die nicht dazu erzogen war, ihren Lebensunterhalt selbst zu verdienen, und nun als Kriegerwitwe mit zwei Kindern den materiellen und alltäglichen Aspekten des Lebens hilflos gegenüberstand. Das Bild, das die Malerin Anita Rée, als sie sich einige Zeit im Erholungsheim für Künstler und Wissenschaftler in Blankenhain aufhielt, von Maria malte, zeigt eine zarte Frau in schwarzem Gewand auf einer Bank vor einer Ziegelwand mit weißem, schmalem Gesicht, langem Schwanenhals und weißen, im Schoß ruhenden, ineinander gelegten Händen, die so gar nicht zur Arbeit geschaffen scheinen.

Immer und immer wieder tadelte Gropius Maria für ihr untätiges Leiden, ihre überzogene Anspruchshaltung und den Kinderglauben an die poetische Mission, die sie zu erfüllen habe. Stattdessen solle sie sich dem Alltag stellen und ihr Leben ordnen, der Rest würde sich fügen: »In der Überstiegenheit, im Adorantentum findest Du kein Glück. Gehe ein Weile fort ... Tue nur das nahe Liegende und dieses einfach, gut und vernünftig, dann wird Dir besser werden und Du wirst Deine Grenzen kennen lernen. Je fester Du selbst wirst, desto mehr wirst Du starken und wertvollen Menschen bedeuten.«[75]

Gropius nannte das, was er selbst erhoffte – die ihn bei seiner Mission bedingungslos unterstützende Gefährtin zu finden –, Maria gegenüber unerfüllbar und unbescheiden. Er warnte sie zudem vor der Anbetung starker Menschen – vielleicht war hier Werfel gemeint, sein Rivale um Almas Gunst, den Maria noch immer aus der Ferne verehrte – und empfahl ihr einmal mehr, auf die eigene Stärke zu bauen. »Wage nur, die eigenen Füße zu benützen und Du wirst plötzlich gehen können. Du schließt Dich jetzt zu gegen meine Schärfe und Unerbittlichkeit, während Du dies liest, aber eines Tages wirst Du begreifen. Versuche klar und einfach zu denken und sei strenge mit Dir ... Du verstehst mich nicht gut. Glaubst Du ich hätte nicht längst Deine Nöte erkannt? Aber muss man mir nahelegen? Von mir fordern? Auch Nicht-Handeln kann überlegtem Bewusstsein entspringen! Tue jetzt nur das Notwendige, Zunächstliegende, lass Träume fahren, sie werden dann einst umso stärker, wahrhaftiger zurückkommen und ihre Form verlangen. Beweise Dir selbst ihre Kraft.«[76]

Gropius bedauerte, Maria nicht helfen zu können, da sie von ihm keinen Rat annehme. Sie scheue sich, für sich selbst einzustehen, das sei aber unbedingt erforderlich, wenn sie aus ihrer Not herauskommen wolle. Er stehe selbst unter hohem Druck und sei nicht ganz gesund. Im Übrigen lasse er Burchartz, den er nun etwas besser zu kennen glaube und sicher noch schätzen lerne, herzlich grüßen. »Dein Brief ist sehr, sehr lieb und heute morgen die Blumen! Ich danke Dir und freue mich über Deine Wärme und Unentwegtheit. Es lastet zur Zeit viel auf mir und der elende Kadaver wollte nicht ganz gehorchen, nun geht's wieder besser. Bald werde ich Dich zu mir bitten, wenn ich wieder etwas Luft habe. Von B. hatte ich einen sehr herzlichen Brief, der mich fast beschämte, da ich ihn gar nicht erwartete. Seine Deprimiertheit, sein Ringen zeigen mir, wie ernst er es nimmt. Man stößt dann trocken gewordene Schalen ab und eine neue bleibende Haut kommt zum Vorschein. Ich spüre seine Arbeitsqualen und ehre sie. Willst Du so gut sein und diesen Brief an ihn weiterleiten, ich habe seine Adresse verlegt.«[77]

Es folgte alsbald ein einfühlsamer Brief, dessen Rat so klingt, als hätte ihn sich Gropius, der ja noch immer an den Folgen seiner traumatischen Kriegserlebnisse und an der Trennung von Alma und Mutzi litt, selbst täglich gegeben. Man müsse sich den Stolz und den Trotz erhalten und dürfe sein Leiden der Welt nicht zeigen. Man müsse wenn nicht Heilung, so doch Ablenkung in der Arbeit und in häufigem Ortswechsel suchen. Es gebe nur eine Todsünde gegen das Leben: Verzweiflung. »Balle Deine Kraft zusammen und reiß Dich hoch! Je mehr Du innerlich Dich Dir selbst gegenüber bescheidest, desto weniger zeige es der Welt. Versuche, eine Weile fortzugehen, aus der Luft, in der Dich jeder Atemzug an Dein Leid erinnert, lass Dich nur jetzt nicht fallen. An sich zweifeln ist gut, man geht stärker aus seinen Seelenkatastrophen hervor, aber den letzten Rest an Stolz und Trotz musst Du wie ein Löwe verteidigen. Das ist der Hebel, der Dich schnell aus dem Strudel wieder herausziehen kann. Gott ist in der eignen Brust, suche ihn in Dir, werde hart! Maria – und dazu verhilft die Arbeit. Etwas anderes bleibt dem fühlenden Menschen nicht.«[78]

Endlich schien sich Maria entschieden zu haben, denn der nächste Brief von Gropius klingt erleichtert. Nun könne er wieder mit ihr reden, nachdem sie in ihrem lieben, schlichten und offenen Brief neue Erkenntnisse zeige, die sie sicher seinen beharrlichen Ermahnungen verdanke. Er verstehe sie vollkommen, ihre Ratlosigkeiten und Zaghaftigkeiten, die wohl daraus resultierten, dass sie noch nicht ihr eigenes Wesen erkannt habe, und wisse ihren Entschluss umso mehr zu schätzen. Burchartz sei vielleicht kein ganz großer Formerneuerer, aber doch ein ernster Jünger, und seine Sachen hätten einen gewissen Eindruck auf ihn gemacht. »Gehe Du entschlossen mit B., aber nie aus Mitleid, denn dieses ist Beleidigung und nicht von Dauer. Aber auch an Dauer dürfen wir nicht denken, es gibt nur Gegenwart, und diese immer intensiv, immer wahr zu leben – das heißt sich selbst getreu – ist das große Kunstwerk unseres Daseins. Wer sich restlos, d.h. intensiv fortzuwerfen versteht, wird immer mehr, nie weniger.«[79]

Burchartz selbst scheint sich allerdings anders entschlossen zu haben. Zwar ließ er sich scheiden, heiratete aber eine junge Blankenhainerin, beendete einige Jahre später seine Karriere als Maler und gründete eine Werbeagentur in Bochum. Maria verließ Weimar und ging nach Österreich. Sie schien sich an ihre Ausbildung als Fröbel-Kindergärtnerin zu erinnern und übernahm in Küb am Semmering die Leitung des Kinderheims *Haus in der Sonne*. Tochter Ingeborg nahm sie mit, Sohn Joachim wurde in ein Wiener Internat gegeben.

Weimar zu verlassen mag für Maria umso dringlicher geworden sein, als ihr Gesuch an die Schillerstiftung, die Zuwendung erneut zu erhöhen, abgelehnt wurde, obwohl sie ihre innere und äußere Lage als äußerst bedrohlich geschildert hatte.

Der neue Generalsekretär der Stiftung, Heinrich Lilienfein, bedauerte, nicht anders entscheiden zu können. Die Stiftung werde in dieser schweren Zeit von vielen Seiten in Anspruch genommen und sehe sich zu einer Erhöhung der Zuwendung außerstande. Dem Auswärtigen Amt in Berlin seien aber von Selma Lagerlöf größere Summen zur Verfügung gestellt worden, um Kindern bedürftiger deutscher Schriftsteller einen längeren Erholungsaufenthalt in Schweden zu ermöglichen. Er biete an, ihre Kinder ganz oben auf die Vorschlagsliste setzen zu lassen.

16

Zeitweise stand Gropius mit vier Frauen gleichzeitig im Briefverkehr: der Mutter Manon, Alma, Lily und Maria. Vermutlich aber mit fünf, denn eine weitere Beziehung verband ihn mit der in Linz geborenen Margarethe Marianne Fellerer, die er bei einem seiner Vorträge getroffen haben mag. Die umtriebige Margarethe lebte seit 1909 vor allem in Ascona, das in diesen Jahren mit seinen tausend Einwohnern zu einem Sammelpunkt alternativer Zeitgenossen geworden war. 50 bis 100 Deutsche lebten hier, die einen um das süße Leben unter südlichem Himmel bei billigen Preisen zu genießen, die anderen um im Sanatorium auf dem Monte Verità mittels Sonne und Salat Heilung von den Übeln der Zivilisation zu suchen. Theosophen, Heliopathen, Vegetarier – Menschen also, die, wie Erich Mühsam einmal anerkennend schrieb, infolge ihrer individuell gearteten Veranlagung ungeeignet waren, »jemals nützliche Mitglieder der kapitalistischen menschlichen Gesellschaft zu werden«.[80]

Margarethe, Schwester des Wiener Architekten Max Fellerer, war in Ascona nach einer Gesangsausbildung Schülerin der Malschule Arthur Segals geworden. Dort lernte sie den Schweizer Anarchisten Ernst Frick kennen, der mit Frieda Gross, der Ehefrau des Psychoanalytikers Otto

Gross, in freier Ehe zusammenlebte. Margarethe, nach Aussage ihres Neffen eine schöne, auffallende, immer bunt gekleidete Erscheinung und sehr kontaktfreudig, wurde Fricks Geliebte. Daneben pflegte sie weitere Liebschaften wie die zu Gropius, ohne sich für den einen oder anderen entscheiden zu können. Anfang der 1930er Jahre begann Margarethe als Fotografin zu arbeiten; 1941 heiratete sie schließlich Ernst Frick.

Die wichtigste Briefpartnerin aber war Anfang der 1920er Jahre Lily Hildebrandt, auch wenn das zu Beginn stürmische Liebesverhältnis zumindest von Gropius' Seite bald abkühlte und die zahlreichen Briefe, Postkarten und Telegramme, die er ihr schrieb, immer seltener von ihrer Liebe und Leidenschaft handeln, immer häufiger dagegen von seinen Leiden und Nöten.

Als Alma ihm Anfang Mai 1920 Mutzi an der Grenze übergab und selbst weiter nach Amsterdam reiste, wo sie das Gustav-Mahler-Fest mit ihrer Anwesenheit beehren und sich feiern lassen wollte, klagte er in einem Brief an Lily über seine tief empfundene Einsamkeit, was diese nicht wenig gekränkt haben dürfte, immerhin stand sie ihm, wenn auch aus der Stuttgarter Ferne, treu und ergeben zur Seite. »Es ist seltsam, seit ich ihre Liebe nicht mehr besitze, bin ich in ein anderes Stadium hinauf gerutscht. Meine Liebe zerfließt in die Breite, viele Menschen spüren sie und schweben nun um meinen Pol, nur ich selbst aber finde nicht das Glück der Ausschließlichkeit für mich selbst, aus mir selbst. Ich muss einsam sein und bleiben – wie lange?«[81]

Als Alma Mutzi wieder einmal abholte und zurück nach Wien fuhr, ohne dass es zu einer einvernehmlichen Regelung hinsichtlich Scheidung und Kind gekommen war, bat er Lily um Trost und Zerstreuung. Er hätte sie gerne wieder einmal in den Armen, um »Lethe und Vergessenheit zu trinken, Erdenschwere abzustreifen, zu schweben, zu fliegen«. Er bitte sie, die »Erdbeben«, die seine Seele erschütterten, zu verstehen, gut und zart zu ihm zu sein, wie sie es immer gewesen.

Als er dann noch, wie um das Maß vollzumachen, schrieb, dass sie nichts mit der schwierigen Auseinandersetzung zu tun habe, Alma wisse von ihr, aber es tangiere sie nicht, konnte Lily die Augen nicht mehr vor der Tatsache verschließen, dass ihre Rolle im Liebesspiel nur eine vorübergehende war und vor allem darin bestand, zu helfen und lieb zu sein. Als sie ihm Vorwürfe machte, beteuerte Gropius, sie gerade noch so zu lieben wie am Anfang und froh zu ihr hinzudenken. Er sei vielleicht ein schwieriger Mensch, nicht leicht zu begreifen, zu Konzessionen wenig bereit und ganz ohne konventionelle Sentimentalität. Sie müsse ihn nehmen, wie er sei. Nie jedoch habe Schein hinter seinen Worten gelegen, das habe er nicht nötig. Wieder einmal setzte Gropius seine bewährte Abwehrstrategie ein: Nicht fordern, nicht drohen, denn alles ist Geschenk. »Baue Dir nicht einen falschen Stolz auf aus Ungeduld, weil Du im Augenblick nicht etwas erzwingen konntest, was Du Dir ersehntest. Zerbrich nicht etwas, was noch besteht! In Liebesdingen ist alles Geschenk, man kann nichts fordern und verlangen! Ich werde Dich um eine Zusammenkunft bitten, sobald ich physisch und geistig wieder erfüllt und gebend bin, bis dahin sei lieb und warm mit mir und nicht gekränkt und versuche bitte, meine komplizierte, aber unbeirrt vorwärtsgehende Natur zu verstehen.«[82]

Am 11. Oktober 1920 wurde endlich nach monatelanger Verhandlung mit Rechtsanwälten in Berlin und Wien die Scheidung ausgesprochen. Gropius übernahm – das Zerrüttungsprinzip gab es noch nicht – großmütig die Schuld in Form eines fingierten ehelichen Fehltritts. Er ließ sich von bestellten Detektiven mit einer Prostituierten in flagranti ertappen. Mutzi blieb bei der Mutter, und Gropius erhielt das väterliche Besuchsrecht.

Lily, die erkannt haben mochte, dass die Scheidung nichts am Status ihrer Beziehung ändern würde, blieb unversöhnt. Sie warf Gropius vor, in seinen Briefen Alma nach wie vor »seine Frau« zu nennen und immer seltener zu schreiben und damit ihr gegenüber eine Art Tyrannei auszuüben.

Gropius wehrte ab. Sie sei ein rabiates, ungeduldiges Frauenzimmer und kränke sich ganz umsonst. Briefeschreiben habe er nie geliebt und gekonnt und tue es nur in angespanntesten Augenblicken – dabei hatte er ihr in den ersten Monaten zahlreiche Briefe geschickt. Sie dürfe nicht zu viel von ihm erwarten und müsse akzeptieren, dass sie einen Künstler mit all seinen Höhen und Tiefen liebe – dabei schien er zu vergessen, dass streng genommen Lily die Künstlerin war. Wieder sprach er von sich als dahinziehenden Stern. Sie dürfe von ihm keine regelmäßigen Berichte erwarten, das liege ihm nicht. Er schreibe, wenn er Anlass dazu habe, auch befinde er sich, wenn etwas vorbei sei, schon längst wieder woanders. Zudem könne er ein Treffen nicht Wochen vorher festlegen, zu sehr werde er von der Brandung hin und her geworfen. Die Bauhaus-Querelen nähmen alle seine Kräfte bis zum Zerreißen in Anspruch, und er bitte sie, ihm weiter mit Rat und Tat beiseite zu stehen, statt ihm mit Klagen und Beschwerden in den Rücken zu fallen.

In der Tat war im Dezember 1920 die Stimmung am Bauhaus aufgeheizt. Einerseits kämpften die Schüler, so Oskar Schlemmer in Briefen an einen Freund, gegen Johannes Itten, den Leiter des Vorkurses, der sich mit diktatorischen Maßnahmen und schulmeisterlicher Pedanterie bis zur Rücksichtslosigkeit durchzusetzen versuche. Andererseits machten sie aber auch gegen Gropius Front. Er sei nicht mehr wie zu Anfang der »Vater Gropius«, der in echter Gemeinschaft mit den Schülern gelebt und gelitten habe. Er habe sich auch äußerlich stark verändert, deutlich sichtbar in den Augen, in einem Zug um den Mund. Der schöne Schwung des Anfangs sei dabei, in strengen Regeln zu erstarren. Die Schüler, von denen viele das Bauhaus schnell wieder verließen, arbeiteten erschreckend wenig. »Es ist wohl berechtigt, zu sagen, das Bauhaus ist eine schöne Fassade, ein Begriff, eine Idee.«[83]

Als Itten, wie Lily Hölzel-Schüler, mit Kündigung drohte, zeigte sich Gropius zu Konzessionen bereit, denn er wollte den pädagogisch fähigsten Lehrer der Schule nicht verlieren. Dafür nahm er die vierzehn Schüler, die Itten aus Wien mitgebracht hatte, aufs Korn. Es war ein Kampf um die inhaltliche Ausrichtung der Schule, den Gropius unbedingt für sich entscheiden musste, wollte er nicht deren Existenz aufs Spiel setzen. Itten und seine Schüler drohten als Anhänger der Mazdaznan-Lehre die Schule in eine lebensreformerische, esoterische Richtung zu drängen. Sie forderten vegetarisches Kantinenessen, in die Lehre integrierte Atem- und Meditationsübungen und vertraten eine Art arischer Rassenlehre, wobei sie zu den »Ariern« auch die Semiten zählten.

In den Briefen an Lily Hildebrandt gab sich Gropius wahlweise als Opfer oder über den Parteien stehenden weisen Richter. Er habe mit Mühe Itten zum Bleiben bewegt, da sei ein Streit unter den Schülern ausgebrochen. Einige der Arier unter ihnen hätten behauptet, gewisse fremdstämmige Elemente, namentlich Juden, würden bei der Zuweisung von Stipendien bevorzugt, worauf die überwiegend jüdischen Itten-Schüler rebelliert hätten. Er habe eingreifen müssen, da die »geistvoll-jüdische Gruppe« über Itten versucht habe, das ganze Bauhaus in die Hand zu bekommen, wogegen die Arier sich begreiflicherweise aufgelehnt hätten. Einmal mehr kamen bei dieser Auseinandersetzung die antisemitischen Ressentiments zum Vorschein, die Gropius schon während seiner Zeit als Einjähriger bei den Husaren erkennen ließ, als er an Freund Lehmann vor allem schätzte, dass man ihm seine jüdische Abstammung nicht ansah. Erstaunlich, dass er seine Semiten-Arier-Klage an Lily richtete, die ja selbst zu den »geistvoll-jüdischen« Zeitgenossen zählte.

Der Kampf innerhalb und außerhalb des Bauhauses forderte seinen Preis. Gropius ging, wieder einmal völlig erschöpft, zur Kur nach Bad Gastein. Er genieße, wie er dem »lieben Lilykind« schrieb, die Ruhe und die Natur, ohne allerdings Schlaf finden zu können. Trotz allem sei der Aufenthalt sehr erholsam, da er die Zeit ohne Flirt, ohne Alkohol und Nikotin verbringe.

Doch Lily, die in Stuttgart gerade an der Ausstellung der Uecht-Gruppe, einem Ortsverband der Berliner November-Gruppe, teilgenommen

hatte, fühlte sich selbst krank und erschöpft und ließ sich so leicht nicht beruhigen. Sie hielt wohl die dramatischen Berichte von den Bauhaus-Kämpfen, die ja nichts Neues waren, für bloße Manöver, die sie von ihrem berechtigten Unmut ablenken sollten. Sie beschuldigte Gropius einmal mehr, sie zu vernachlässigen, da er vorhabe, auf dem Rückweg von Gastein sich nicht mit ihr in München zu treffen, sondern bei »Frau und Kind« in Wien für einige Tage Station zu machen. Sie mokierte sich auch über die Versuche des Geliebten, ihrem Mann, gerade erst von der Technischen Hochschule Stuttgart zum außerordentlichen Professor ernannt, Arbeit als Schriftsteller und Kunstexperte zu verschaffen.
Diese Versuche seien unter dessen Kollegen nicht unbemerkt geblieben und hätten zu allerhand Klatsch Anlass gegeben.

Gropius versuchte, Lily wie früher die Mutter mit einer Mischung aus Klage und Anklage zu beschwichtigen. Er leide an äußerster Erschöpfung und bedürfe der Schonung. Sie solle sich nicht nutzlos kränken und nicht immer gleich das Vertrauen zu ihm verlieren, das lähme ihn. Sie müsste nur einmal zwei Tage sein Leben miterleben, dann würde sie begreifen, wie beansprucht von allen Seiten er sein.

Als Lily sich weiter beschwerte, wurde er deutlicher. Er sei gerade aus Böhmen zurück, wo er acht Tage auf Vortragsreise gewesen, und habe ihren ausfallenden Brief gefunden, den er für ungerechtfertigt und deplatziert halte. Er werde auch deswegen immer schweigsamer, weil sie ihn gar nicht mehr anhöre und er nicht mit ihr streiten wolle. Die Liebesbeziehung ging sichtlich, ein weiterer Brief sprach es aus, ihrem Ende entgegen: »Ich habe selbst den Wunsch, ebenso intensiv für Dich fühlen zu können wie vor einem Jahre, und ringe darum, aber man kann das nicht erzwingen, dass Flammen aus einem schlagen, aber ich weiß, dass es jeden Moment wieder so sein kann – plötzlich.«[84] Lily reagierte verletzt, und Gropius ruderte sofort zurück. Er habe überreagiert, sie möge ihm seine Worte verzeihen, seine Schwäche und Unzulänglichkeit nachsehen. »Lilykind, hab mich weiter so lieb wie ich Dich! Gestern las ich:

›Liebe, was ist das? Man kann sie nicht empfangen, nur geben‹ – was ich ganz unterschreibe.«[85]

Der Brief klingt recht versöhnlich, auch wenn nur noch von »Liebhaben« und nicht mehr von »Liebe« die Rede ist. Denn Gropius wusste, welch treue Gefährtin er an Lily hatte, die fast die ganze Kraft, die Familie und gesellschaftliches Leben in Stuttgart ihr ließen, für sein Werk einsetzte und dafür ihr eigenes Schaffen vernachlässigte. Er brauchte ihre Hilfe. Sie machte ihn mit wichtigen Vertretern der künstlerischen Avantgarde bekannt, erschloss ihm neue Finanzquellen und war ihm gemeinsam mit ihrem Mann beim Verkauf von Schmuck, Tafelsilber, Antiquitäten, Kunstwerken und Grundstücken aus dem Besitz der Familie Gropius behilflich. Sie gab ihm Ratschläge und stärkte ihm den Rücken mit ihrem zupackenden Optimismus, den Sohn Rainer im Rückblick für die beeindruckendste Eigenschaft seiner Mutter hielt.

17

Beängstigender aber als alle Beziehungsprobleme war die fortschreitende Geldentwertung, die das Bauhaus in seiner Existenz bedrohte. Die Studenten hungerten – auch wenn sie nicht der Mazdaznan-Lehre anhingen, die sie zur Askese verpflichtete – und waren auf das Kantinenessen und den Gemüseanbau in Eigenregie angewiesen. Selbst die Meister lebten bescheiden, und Gropius pflegte in der Kantine zu essen. Er musste von seinen Einkünften zu leben versuchen, denn er konnte mit der finanziellen Unterstützung durch die Mutter nicht mehr rechnen. Sie war durch die einst siegessicher gekauften, nun wertlos gewordenen Kriegsanleihen und den rapiden Wertverfall der übrigen Geldanlagen nahezu verarmt. Geblieben waren ihr neben den Mobilien nur einige kleinere Gutshäuser in Hohenschönhausen und das Sommerhaus am Timmendorfer Strand.

Er lebe derzeit, so meldete Gropius Lily, von der Hand in den Mund. Zwar habe er das Büro von Berlin nach Weimar verlegt, und sein Mitarbeiter Adolf Meyer sei mitgegangen, aber sie hätten nur wenige und schlecht bezahlte Aufträge, da die Zeit dem Bauen nicht günstig sei.

Durch den Verkauf von Teilen des Familienbesitzes lernte Gropius im Dezember 1920 in Weimar Lilys Mann, den er bislang nur in seinen Briefen umkreist hatte, auch persönlich kennen. Er schätze ihn sehr, berichtete er Lily. »Er war so unaggressiv, ohne Feindschaft und verletzlich, ich fühle mich ihm verpflichtet und habe es ihn auch fühlen lassen. Ich hatte mich etwas vor dieser Begegnung gefürchtet, aber als ich ihm
in die Augen sah, war diese Angst vorbei. Von Dir sprachen wir nicht ein Wort, was Du verstehen wirst.«[86]

Vielleicht hätte sich Lily aber genau das gewünscht. Vielleicht hätte sie sich über etwas Rivalität und Eifersucht gefreut und, unzufrieden und überfordert, wie sie mit der Dreiecksbeziehung sein musste, dem gelassenen Umgang der beiden Männer miteinander eine offene Aussprache vorgezogen. Diese schienen jedoch mit dem Status quo gut zurechtzukommen, denn ein paar Tage später berichtete Gropius ihr erneut von ihrem guten Einvernehmen: »Dein Mann war wieder sehr lieb mit mir, sei gut mit ihm, ziehe ihn an Dich, gib acht, dass Du ihn nicht verlierst, er macht einen freien, unbürgerlichen Eindruck, ich habe ihn gern.«[87]

Wie frei und unbürgerlich Hans Hildebrandt, der, wie wir von Sohn Rainer wissen, einem Seitensprung selbst nicht abgeneigt war, in Bezug auf den Ehebruch seiner Frau dachte, zumindest einige Jahre später, als er Vergangenheit war, kann in seinem Buch *Die Frau als Künstlerin* nachgelesen werden: »Freie Beziehungen zu einem Manne haben, bei Wahrung der gesellschaftlichen Form, für die der Takt der Frau instinktsicher sorgen mag, heute keine Verfemung mehr zur Folge.«[88]

Die Einzige, die mit der dezent gelebten offenen Beziehung auf die Dauer nicht so recht klarzukommen schien, war Lily. Sie kränkelte und musste sich immer wieder in Behandlung begeben. Sie laborierte an ei-

Lily Hildebrandt, Fotografie von Lucia Moholy (1926)

ner ungenannt bleibenden Krankheit, vielleicht ein Frauenleiden, vielleicht aber auch ein langwieriges Nervenleiden, und zeigte sich bisweilen so labil, dass Gropius Angst hatte, wie er ihr gestand, sie könnte in depressiven Augenblicken Dummheiten begehen. Immer wieder erinnerte er Lily daran, welch unendliches Glück sie mit ihrer Ehe habe, an der sie unbedingt festhalten müsse, und mit der Freundschaft, die mittlerweile über die Liebe hinaus zwischen ihnen gewachsen sei. Den von Lily erhobenen Vorwurf, nicht ganz unbeteiligt an ihrer Krankheit zu sein, wies Gropius allerdings strikt zurück. Er weigere sich zu glauben, dass die Beziehung zu ihm sie in Konflikte gestürzt haben könnte, an denen sie nun erkrankt sei. Er fühle mit ihr, auch wenn ihr Leiden ganz unnötig und nur in ihrer Vorstellung begründet sei. Sie solle nur schnell gesund werden, dann sei die ganze Welt wieder in sie verliebt.

Lily scheint männliche Bewunderung zur Bestätigung ihres Selbstwertgefühls gebraucht zu haben und bereit gewesen zu sein, alles dafür zu geben. Doch je mehr sie dem Geliebten gab, desto weniger kam zurück, je näher sie rückte, desto mehr entfernte er sich. Sie musste erkennen, dass Gropius, der sie als selbstbewusste, fröhliche, zupackende Frau kennengelernt hatte, wünschte, dass sie, statt kränkelnd und missgelaunt zu sein, diesem Bild weiterhin entsprach. Sie musste auch erkennen, dass Gropius ihre Liebe und ihre Hilfe von Anfang an als Selbstverständlichkeit hinnahm, ohne eine emotionale Verpflichtung für sich daraus abzuleiten.

Um Lily von ihren, wie er fand, kleinen und unnötigen Leiden abzulenken, wies Gropius sie auf seine eigenen großen Schwierigkeiten hin, auf die harten Kämpfe und die immer wiederkehrenden Erschöpfungszustände, und folgte damit dem seit Abiturzeiten bewährten und erprobten Modell, fordernden Situationen leidend auszuweichen. Er empfahl nun auch Lily wie Maria Besinnung auf die eigene Stärke und eiserne Disziplin, die auch ihm helfe, täglich von neuem zu gesunden und alle unüberwindlich erscheinenden Hindernisse zu meistern.

Trotz erlöschender Liebesglut von seiner und ungeklärter Krankheiten von ihrer Seite blieb Lily eine verlässliche Gehilfin. Sie half Gropius im Sommer 1922 bei der Vorbereitung der Bauhaus-Ausstellung, die in Weimar und Berlin gezeigt wurde, warb neue Förderer, sammelte Spenden, veranstaltete in ihrem Stuttgarter Domizil Vortrags- und Musikabende zugunsten des Bauhauses, schlug aus dem weiteren Hölzel-Kreis Künstler vor, die als Lehrer oder Werkstattleiter in Frage kamen, und sorgte für die nötige Presseresonanz. Gropius wusste Lilys Einsatz und Erfolge durchaus zu schätzen, nicht ohne sie seinem günstigen Einfluss auf ihr neu gewonnenes Selbstbewusstsein zuzuschreiben: »Du bist ein nobler Kerl und ich freue mich unbändig, wenn ich Dir trotz meiner konzessionslosen Härte wieder Fröhlichkeit und ›Kessheit‹ verschaffen konnte, so dass Du gleich Deine Verführungskünste auf die Architekturkanonen abladen konntest. Es hätte mir Spaß gemacht, dabei zu sein.«[89]

Dabei war er fast nie, und seine Lobeshymnen mussten leider postalisch erfolgen, denn Gropius schob geplante Treffen immer wieder hinaus. Er erwarte jeden Augenblick Telegramme, müsse dringend jemanden in Frankfurt sprechen und komme nicht über Stuttgart. Überhaupt ließen die Weimarer Verhältnisse eine Verabredung fast unmöglich erscheinen.

Statt seiner werten Person trafen nun vor allem Anfragen ein. Einmal wünschte er, Lily solle ihm einen Techniker nennen, der das ganze Gebiet der Dekorationsmalerei beherrsche, das Meisterlehrrecht besitze und seiner Persönlichkeit nach in der Lage sei, eine Werkstatt verantwortlich zu leiten. Ein andermal bat er sie, ihm beim Verkauf eines kleinen Anwesens in Hohenschönhausen und eines kleinen Napoleonkopfes zu helfen, auch wenn es die denkbar ungünstigste Zeit sei, Sachwerte zu veräußern, da das Geld schneller an Kaufkraft verliere, als man es ausgeben könne. Der Wert des Anwesens betrage derzeit etwa 100 Millionen Mark einschließlich Grundstück. Den Napoleonkopf, für den er in Berlin bislang keinen Käufer gefunden habe, würde er, wenn es nicht anders ginge, für 500 Dollar abgeben.

Der Verkauf gelang. Gropius bedankte sich herzlich und sagte zugleich das nächste Treffen ab, der katastrophale Verfall der Mark bringe alles in Unordnung. Der Absage folgte die Bitte um einen weiteren Freundschaftsdienst. Lily möge doch dem Teppichschuldner den Rest des Geldes bald abknöpfen, denn in acht Tagen sei das Geld abermals nur noch die Hälfte wert. Nun gehe es allmählich allen an den Kragen, und der Bürgerkrieg werde nicht mehr lange auf sich warten lassen. Er könne im Moment keine Pläne machen und stürze sich in ernster Stimmung in die Arbeit. Ende September trafen sich Lily und Gropius wieder, und zwar in Stuttgart anlässlich der Aufführung von Schlemmers Triadischem Ballett, bei dessen Vorbereitung Lily wieder einmal geholfen hatte. Sein Kommen meldete er sehr kurzfristig und nebenbei an, obwohl er wissen musste, dass Lily ihn dringend zu sehen wünschte. Er stieg trotz Geldnot standesgemäß im vornehmen Hotel Marquardt am Schlossplatz ab und blieb nicht lange.

18

Lily befand sich in einer schwierigen Lage: Einerseits verlangte ihr künstlerisches Talent diszipliniertes Lernen und Arbeiten, andererseits war sie dazu erzogen, sich durch die Rolle der Ehefrau, Mutter und Gehilfin männlicher Bestrebungen zu definieren. Ein Widerspruch, der sich für sie, wenn sie ihn überhaupt erkannte, wohl nicht auflösen ließ. Ihr Ehemann wird ihr dabei keine große Hilfe gewesen sein, liest man sein Buch über *Die Frau als Künstlerin*, das 1928 erschien.

Darin begrüßt Hans Hildebrandt zwar wie viele fortschrittliche Geister die neue Stellung der Frau als schaffende Künstlerin, glaubt aber erkennen zu müssen, dass sie in der Kunst das Allerhöchste noch nie erstrebt, geschweige denn erreicht habe und wohl auch nie erreichen werde. Sie sei eher Mittlerin als Schöpferin, eher Nachgestalterin als Vorläuferin.

Hildebrandt dekretiert nicht mehr raubeinig wie die alten Herrenreiter, die Frau gehöre ins Haus, sondern beruft sich recht zivilisiert und scheinbar auf der Höhe der wissenschaftsgläubigen Zeit zur Untermauerung seiner These auf ein »Naturgesetz«, das die Wissenschaft nicht kennt: die anders geartete Begabung der Frau. Diese erkläre, so fährt er munter fort, warum es unter den Frauen kaum Komponistinnen von Rang gebe, kaum ernstzunehmende Dichterinnen. Die Meisterung der Form sei eben nur wenigen beschieden. In der Briefkunst, bei der es auf Einfühlung und Augenblickslaune ankomme, brillierten sie, aber alles, was Plan, Ordnung, Logik und Form verlange, liege den Frauen nicht. Sie seien große Kinder und das Spielen der Grundtrieb ihres Gestaltens. Deshalb hätten sie bislang in der Kunst nur Belangloses hervorgebracht.

Ausnahmen von dieser Regel könnten lediglich als Kuriosa Geltung beanspruchen, denn in diesen Fällen handle es sich um halbe Männer. Die eigentlichen, die »weiblichen Frauen« wendeten sich vor allem der Verschönerung der eigenen Person und der nächsten Umgebung zu oder gäben ihr schöpferisches Vermögen an die Kunst des Mannes hin, den sie liebten. Sie seien daher als gute Kameradinnen und verstehende Gehilfinnen immer im Umkreis schöpferischer Männer zu finden: »Die Kunst der Frau begleitet die Kunst des Mannes. Sie ist die zweite Stimme im Orchester.«[90]

Das »Haus der Frau« auf der Kölner Ausstellung des Deutschen Werkbundes 1914, bei dem alles von Frauen gestaltet worden sei, habe es einmal mehr bewiesen: Alles schön und gut, aber nichts davon gehöre zum Fortschrittlich-Wichtigen. Alles habe vielmehr den weiblichen Hang zum Irrationalen, zur Einfügung reizender Überflüssigkeiten und kapriziöser Kleinigkeiten gezeigt.

Auch Lily wird kurz und lobend, da typisch weiblich, erwähnt. In ihren »farbgeborenen Hinterglasbildern« lebe sich wie in allen solchen Gestaltungen eine so herzliche Freude aus, wie sie nur ein großes Kind zu empfinden vermöge. Diese Freude und die echt weibliche Mischung aus Naivität und Raffinement begründeten ihren Reiz.

Alles in allem könne man, so Hildebrandt zum guten Schluss, feststellen: Die Frau behaupte sämtliche Positionen, die sie von früher her innehabe, rücke entschlossen in jene Stellungen, die der Mann verlasse, weil er heute mehr der Architektur und der Technik zuneige und sich mit mancherlei Kunstgewerbe nicht mehr befassen wolle, und taste sich vorsichtig in all die anderen vor, die bislang Vorrecht des Mannes gewesen seien. In ihnen möge die Frau als Gehilfin und Kameradin ihre Kräfte erproben.

Lily nahm die ihr zugedachte Rolle ohne Widerspruch an. Sie erklärte ihre Vorliebe für die Welt der Kinderzimmerfriese und der kleinen Hinterglasbilder mit ihrer Rolle als Ehefrau und Mutter, die eine Beschränkung der eigenen künstlerischen Tätigkeit notwendig mit sich brächte. In der Reportage *Künstlerehen unserer Architekten* schildert sie, wie sich der Mann von heute die Frau von heute idealerweise erträume:

»Vor allen Dingen: sie soll Gefährtin sein, soll womöglich einen Beruf haben und selbst zum Lebensunterhalt beitragen, oder aber sie muss ihr Helfertum auf eine andere Weise bewähren. Und energiegespannt soll sie sein, so, wie es früher der Mann für sich allein in Anspruch nahm, zielbewusst, tatkräftig, amazonengleich. Dies freilich mit gebührender Einschränkung. Denn bei all diesen Fähigkeiten darf sie nicht vergessen, dass sie dem Manne gegenüber Weib bleiben soll im wahrsten Sinne des Wortes, von ihrem Instinkt geleitet wie von der Kompassnadel, die ihr den Weg vorschreibt. Einfach Weib, das seinen Intellekt nicht zu aufdringlich verspüren lässt, weil die Gewöhnung an diesen dem Manne oft – mit Recht oder Unrecht, bleibt dahingestellt – am schwersten fällt.«

Kann man bis dahin noch feinen Spott vermuten, machen die weiteren Ausführungen aller Hoffnung ein Ende. Zu deutlich zeigt sich die willige Unterwerfung, zu nah kommt Lily der Ansicht der bekanntesten Antifeministin ihrer Zeit, Laura Marholm, für die des Weibes Inhalt der Mann war. Denn Lily schreibt weiter: »Ein Teil der Ergänzung zwischen Mann und Frau, nicht der geringste sogar, ist die Steigerung der schöpferischen Kräfte, die der Mann durch das Zusammenleben mit einer solchen Frau erfährt. Und so wird vielleicht das beste Zeugnis für diese durch die Leistung des Mannes ausgestellt, mit dem sie Lebensgemein-

schaft geschlossen hat.«[91]

So mag es Lily nicht weiter gekränkt haben, dass sie als Künstlerin von der Kritik nicht sehr ernst genommen und, wenn überhaupt, gesehen wurde als: Gattin eines bekannten Kunsthistorikers, Schülerin Hölzels, malende Mutter. Zur Beschreibung ihrer Werke dienten Adjektive wie phantasievoll, originell, amüsant, keck, frisch und unbekümmert, kindlich-naiv und doch raffiniert, die ihr Werk verniedlichten und damit abwerteten.

Lily sah sich ja selbst nicht in erster Linie als Künstlerin, sondern als Gefährtin, bereit, ihre Kräfte für das Werk des Mannes, den sie liebte, einzusetzen. Sie knüpfte wichtige Beziehungen und trug zum Lebensunterhalt bei. Sie malte leicht Verkäufliches und schrieb Reportagen in der Boulevardpresse, die sie mit eigenen Fotografien bebilderte. Sie befasste sich mit den saisonalen Kapriolen der Damenmode und kolportierte Neuigkeiten aus den befreundeten Künstler- und Architektenkreisen. Hundert Fotografien etwa finden sich im Nachlass. Viele der in den Publikationen ihres Mannes abgedruckten Porträts stammen von ihr.

Einen anderen Weg als Lily schlug ihre acht Jahre ältere Freundin Ida Kerkovius ein, ebenfalls Hölzel-Schülerin. Sie blieb unverheiratet, führte keinen Salon und studierte mit Anfang vierzig noch einmal einige Zeit am Bauhaus, wo sie die Kunstkurse und die Weberei-Klasse besuchte. Ida wurde von den männlichen Kollegen als Malerin sehr geschätzt.

Sie hielten sie für eine der besten unter den Hölzel-Schülern und lobten ihre leidenschaftliche Hingabe an die Kunst.

Gropius scheint Hildebrandts Haltung zur Frau als Künstlerin geteilt zu haben, wie seine Einstellung zu den Bauhaus-Schülerinnen zeigt. Offiziell hielt sich die Lehranstalt an Artikel 109 der Weimarer Verfassung, der den Frauen die gleichen staatsbürgerlichen Rechte und Pflichten wie den Männern zusprach. Sie verkündete, das Programm des Bauhauses werde künftig keine Unterschiede zwischen dem schönen und dem starken Geschlecht mehr machen, jede unbescholtene Person ohne Rücksicht auf Alter und Geschlecht aufnehmen, deren Begabung und Vorbildung vom Meisterrat als ausreichend erachtet werde. Doch inoffiziell stand die Gleichbehandlung mehr oder weniger nur auf dem Papier. So avantgardistisch die gestalterischen Ambitionen waren, so althergebracht die Rollenbilder. Den Bau der Zukunft sollte der Mann von gestern schaffen.

Als im Sommersemester 1919 den 79 männlichen 84 weibliche Bewerber gegenüberstanden, fürchtete Gropius, die vielen Schülerinnen könnten dem Ansehen seiner Lehranstalt schaden, und forderte den Meisterrat auf, Frauen künftig bei der Bewerbung schärfer auszusondern – und gab damit indirekt zu, dass sich mehr begabte Frauen als Männer bewarben. Nur die Weberei sollte als eine Art natürlicher Frauenklasse von der strengeren Auslese ausgenommen werden – frei nach dem Motto: »Wo Wolle ist, ist auch ein Weib, das webt, und sei es nur zum Zeitvertreib.«

Gropius und die Meister lehnten denn auch in den folgenden Jahren viele Bewerberinnen von vornherein ab, nahmen andere nur zur Probe, machten den Probandinnen das Leben schwer und vertagten die endgültige Entscheidung so lange wie möglich, wie eine von ihnen berichtet: »Zuerst wurde ich nicht eben freudig aufgenommen. Eine Frau gehört nicht in die Metallwerkstatt, war die Meinung. Man gestand mir das später ein und hat dieser Meinung Ausdruck zu verleihen gewusst, indem man mir vorwiegend langweilig-mühsame Arbeit auftrug.«[92]

Ein Jahr später war das Problem noch nicht gelöst, denn die Frauen ließen sich so leicht nicht abschrecken. Gropius instruierte die Herren Meister: »Das Zahlenverhältnis der Studierenden männlichen und weiblichen Geschlechts ist ein derartiges, dass ohne Zweifel mit der Aufnahme von Damen zurückgehalten werden muss … Ich schlage daher vor, bei den Aufnahmen für absehbare Zeit Damen nur mit ganz außerordentlicher Begabung aufnehmen zu wollen.«[93]

Die Strategie klammheimlicher Behinderung – offen vorzugehen trauten sich die Meister nicht – zeigte endlich Wirkung. Im Sommersemester 1922 wurden noch 52, im Wintersemester 1924/25 nur mehr 34 Frauen aufgenommen. Im Sommer 1928 standen den 45 Studentinnen 121 Studenten gegenüber. Nebenbei sei erwähnt, dass die Weberei, das Reservat der Frauen, in das sich insgesamt nur zwei Männer verirrten, eine der erfolgreichsten Werkstätten wurde.

Die erste und einige Jahre lang einzige Frau unter den Lehrenden war die Musikpädagogin Gertrud Grunow, von Itten im Sommer 1921 ans Bauhaus geholt. Grunow besorgte die rhythmisch-musikalische Erziehung der Studierenden im Sinne einer empfindungsbezogenen Ausdrucksbewegung. Ziel war, zu innerer Ruhe und zu sich selbst zu finden. Ihre »Praktische Harmonisierungslehre«, die einen Zusammenhang von Farbe, Form und Ton behauptete, war beliebt, aber auch gefürchtet. Nicht alle Studierenden blieben locker, wenn Grunows Aufforderung erging: »Und nun tanzen Sie die Farbe Blau.« Trotz ihrer Bedeutung für das Bauhaus wurde Grunow lediglich als Hilfslehrkraft auf Honorarbasis beschäftigt. Sie verließ das Bauhaus, als die Meister ihrem Unterricht nach Ittens Weggang keine weitere Bedeutung beimaßen, im Frühjahr 1924.

Die zweite Lehrende wurde Gunta Stölzl, die eine in männlichen Augen geradezu vorbildliche Laufbahn vorzuweisen hatte: Höhere Töchterschule, Kunstgewerbeschule, dann Bauhaus Weimar, Fachrichtung Weberei. 1923 legt sie die Gesellenprüfung ab, 1925 wurde sie Werkstattmeisterin, zwei Jahre später Jungmeisterin und Leiterin der Weberwerkstatt. Wie sehr Gunta Stölzl das männliche Diktum verinnerlicht hatte, dass die Frauen vor allem zum Weben geschaffen seien, zeigt ihr Artikel von 1926: »Das Spiel mit Form und Farbe, gesteigertes Materialempfinden, starke Einfühlungs- und Anpassungsfähigkeiten, ein mehr rhythmisches als logisches Denken sind allgemeine Anlagen des weiblichen Charakters, der besonders befähigt ist, auf dem textilen Gebiet Schöpferisches zu leisten.«[94]

19

Als Lily 1923 im Stuttgarter Landesgewerbemuseum für Gropius eine von ihr initiierte Ausstellung mit Architekturzeichnungen hängte und sich über die anstrengende Arbeit beklagte, bedankte sich Gropius zwar mit warmen Worten für ihre noblen Taten, doch ohne irgendeine Art von Gegenliebe auch nur anzudeuten. »Ich bewundere so aufrichtig Deine ungeheure Güte und erste Bereitschaft, überall und immer wieder zu helfen und voller Noblesse Gutes für mich zu tun aus Deiner großen steten Liebe zu mir.«[95]

Das Ende der Liebesbeziehung war nah, näher als Lily wohl glaubte. Es kam, als der 40-jährige Gropius, der nach wie vor landauf, landab Vorträge hielt, im Hannoveraner Provinzial-Museum die 26-jährige Ilse Frank traf, die als Ehrengast des Veranstalters in der ersten Reihe saß.

Ilse Frank entstammte einer weitverzweigten hessischen Pfarrer- und Beamtenfamilie, deren Mitglieder sich seit den 1830er Jahren als Unternehmer betätigten. Sie war die Tochter des Regierungsrates Georg Frank, Mitglied des Aufsichtsrats der Frank'schen Eisenwerke Adolfshütte, und die älteste von drei Schwestern. Die Eltern waren 1921 und 1922 gestorben und hatten die drei Mädchen Ilse, Herta und Ellen in der Obhut eines Vormunds zurückgelassen. Ilse hatte eine Höhere Töchterschule und eine weiterführende Schule für Haushaltsführung, Gartenbau und Haustierpflege besucht, war danach in München für eine Tageszeitung journalistisch tätig, bevor sie in Hannover Mitarbeiterin einer Buchhandlung wurde, die sich der literarischen Avantgarde verschrieben hatte.

Gropius verliebte sich auf den ersten Blick in die schöne, strahlende Erscheinung mit den dunklen Augen und schwarzen Haaren. Ohne zu zögern nahm er Kontakt auf. In seinen Briefen, mit denen er die junge Frau förmlich bestürmte, fand sich kein Wort mehr vom Wanderstern. Er glaubte, nun endlich die lang ersehnte Lebenspartnerin und das »Glück der Ausschließlichkeit« für sich gefunden zu haben. Nichts mehr war zu lesen von dem Grundsatz, dass in der Liebe alles Geschenk sei, es kein Fordern, kein Drohen geben dürfe.

Ilse Frank fühlte sich vom stürmischen Werben des berühmt-berüchtigten Bauhaus-Direktors mit dem selbstbewussten Auftreten und dem bereits etwas schütteren Haar sicher geschmeichelt, blieb aber unentschlossen, war sie doch mit ihrem Vetter Hermann Roth, dem Geschäftsführer der seit über hundert Jahren im Besitz der Familie Frank befindlichen Eisenwerke, verlobt und wollte in wenigen Monaten heiraten. Nach kurzem Nachdenken entschloss sie sich zu einem, wie ihr vorkam, mutigen Schritt. Ihr sei, schrieb sie dem ungestümen Bewerber, plötzlich der Gedanke gekommen, ihn zu besuchen. Sie wisse, dass er viel zu tun habe, aber ihr Herz hänge an dem Gedanken, einmal einen Augenblick bei ihm zu sein, und zwar dort, wo er lebe.

Gropius bat sie, unbedingt und wann immer sie wolle, zu kommen und frei über seine Zeit zu verfügen. Ilse Frank kam und war von dem, was sie sah, angetan. Alles schien ihr neu und ungewohnt und verhieß eine Zukunft, die aufregender zu werden versprach als das beschauliche Leben einer Fabrikantengattin in Dillenburg. Zugleich aber war sie auch, wie sie später gestand, eingeschüchtert und nicht sicher, ob sie sich wohl in all das Neue hineinfinden könnte. Was sei, habe sie Gro-

Ise Gropius, Fotografie von Lucia Moholy (1924)

pius gefragt, wenn er nach einem Jahr von ihr enttäuscht wäre. Gropius habe geantwortet, er beurteile Menschen nicht nach dem, was sie dem gegenwärtigen Stand nach seien, sondern welche Entwicklungsmöglichkeiten sie besäßen, und solche sehe er bei ihr in reicher Fülle gegeben.

Gropius warb nun, mahnte und drängte. Er wolle sie auf seine Höhe hinauf heben und die in ihr liegenden wunderbaren Kräfte entwickeln. Doch sie müsse sich bald entscheiden, er sei kein Mensch, der warte. Er stürme durchs Leben, wer nicht mitkomme, bleibe am Wegrand liegen. Das Leben sei kurz und wolle ergriffen sein. Mit einem Wort: Gropius zeigte sich Ilse in der Rolle des Pygmalion, dessen einziger Wunsch zu sein schien, ein biederes Bürgermädchen in eine Muse der Avantgarde zu verwandeln.

Als Ilse zögerte, zu ungestüm erschien ihr vielleicht sein Werben, zu unsicher seine materielle Basis, äußerte Gropius seinerseits Zweifel. Vorbehaltlos habe er ihr sein innerstes Besitztum gegeben, in ihr seine Heimat gefühlt, wie nie zuvor in einem Weib. Sie jedoch überlege, hinterfrage, zergliedere, als sei das Ganze ein Spiel. »Wir hatten einen heiligen Bund geschlossen in geweihten Nächten, aber – Du lässt mich im Unwissen –! und meine Demut wandelt sich in Zorn, wenn mein heiligstes Geschenk missachtet wird. Starke Naturen haben große Spannungen, ihr Herz ist nie träge, es zerfließt in Liebe und wandelt sich sogleich wieder in Stahl. Du zwangst die Zärtlichkeit meines Herzens zur Schärfe um! – Ob Du mich wohl begreifst, Geliebte, auch meine Härten und Unerbittlichkeiten?«[96]

Er könne nicht anders, als offen, ohne jeden Rückhalt zu ihr zu sprechen. Es schlummerten wunderbare Kräfte in ihr, die er gerne zum »wesenhaften Wesen« gestalten wolle, aber sie stehe wohl doch noch zu sehr unter dem Einfluss ungeistiger Kräfte, und so wolle er sie nicht weiter bedrängen. Sie allein könne und müsse entscheiden. Er hoffe nur, dass sie das Richtige wähle: »Du stehst in entscheidender Schicksalswende und was Du auch gewählt hast, ergreife es und lebe es ganz. Es gibt nur

Ausschließlichkeit, alles andere ist schwach. Mach reine Bahn, befreie Dich ... Lebe, gedeihe, werde! Nun schweige ich. Leb wohl mein Antlitz! Ich glaube an Dich!!«[97]

In Ilse, die schon dabei war, die Dillenburger Villa einzurichten, muss eine bislang verborgene Saite zum Klingen gekommen sein. Hatte sie nicht selbst schon wunderbare Kräfte in sich schlummern gefühlt, die nach Gestaltung drängten? War es nicht tatsächlich an der Zeit, jede Halbheit abzulegen, reine Bahn zu schaffen, ungestüm zu leben, etwas Neues zu werden und eben nicht am Wegrand liegen zu bleiben? Die von Gropius so verheißungsvoll aufgezeigten neuen Möglichkeiten drängten sie zur Entscheidung, und sie entschied sich für Gropius.

Gropius reagierte enthusiastisch. Sein Sieg über den jüngeren und finanzkräftigeren Rivalen war vollkommen. Die Frau, die er schon verloren geglaubt hatte, wollte ihr Leben für immer mit ihm teilen.

Gropius an Ilse: »Dieser unbeschreibliche Augenblick als heute Dein Brief des Morgens kam, der beständige reißende Schmerz, den ich um Dich in mir trug, stand plötzlich still, ich begriff nichts und stand in einem großen Dunkel, ich weiß nicht wie lange und dann – schoss das Licht von allen Seiten in mich, mein Herz sprang wieder auf.«[98]

Ihre Entscheidung für ihn beflügele nun und in Zukunft jeden seiner Schritte, treibe ihn zur Arbeit, Tag und Nacht. Sein großes Werk sei für immer gerettet durch sie. Sie allein gebe ihm neue Kraft für den – hier fällt der hohe Ton etwas ab – in den nächsten Wochen zu erwartenden Arbeitskampf. Doch wann immer sie rufe, er stehe bereit. Seine Türen stünden ihr zu jeder Stunde offen.

Anfang August zog Ilse nach Weimar und nannte sich fortan, wie Gropius es wünschte, Ise, was gleich viel aparter klang. Von dem Verlobten und Vetter Hermann war nicht mehr die Rede, nicht einmal als seine Firma Gropius einige Jahre später in Zeiten schlechter Auftragslage mit dem Entwurf eines neuen gusseisernen Ofenmodells beauftragte.

Lily, das »süße Frauenzimmer«, erfuhr von der neuen Entwicklung erst einmal nichts. Als Gropius Ise schon heftig umwarb, wehrte er Lilys Vorwurf, sie mit einer anderen zu betrügen, nachdrücklich ab. Er sei nicht 14, sondern nur drei Tage in Hannover gewesen, aber Tatsachen interessierten Frauen, die nun einmal höllisch eifersüchtig seien, leider wenig. Gropius fiel wohl schwer, selbst das zu tun, was er Ise empfohlen hatte: reine Bahn zu schaffen. Als Lily ankündigte, zur Eröffnung der großen Bauhaus-Ausstellung, die von Mitte August bis Ende September 1923 stattfinden sollte, mit ihrem Mann und einer Handvoll Studenten

nach Weimar zu kommen, wiegelte er ab, denn er wollte ein zufälliges Zusammentreffen der beiden Frauen vermeiden. Da es mit der Unterbringung voraussichtlich Schwierigkeiten gebe, werde es besser sein, wenn sie erst später komme.

Nach der Bauhaus-Woche zu Beginn der großen Ausstellung fuhren Gropius und Ise trotz Geldnot nach Verona und Venedig. Sie hätten, so schrieb er der Mutter, noch nicht geheiratet, da die Papiere nicht so schnell zu beschaffen gewesen seien, und reisten inkognito. Sie werde natürlich den Termin rechtzeitig erfahren. Ise werde ihr von Italien aus schreiben und danke einstweilen für den sehr lieben Brief. Manon Gropius mag froh gewesen sein, den Sohn endlich fest in gutbürgerlichen Händen zu wissen, auch wenn sie damit die beratende Rolle verlor, die sie bisher in seinem Leben gespielt hatte.

Am 16. Oktober 1923 heirateten Walter und Ise in Weimar standesamtlich. Trauzeugen waren diesmal keine Passanten von der Straße, sondern Wassily Kandinsky und Paul Klee. Alma, *not amused*, schrieb an die Freundin Helene Berg: »Nach Weimar fahre ich, wie ich Euch schon schrieb, nie mehr, da Gropius endlich das zu ihm passende Bürgermädchen gefunden hat, mit dem er in den heiligen Stand der Ehe hineintreten wird. Gott sei Dank! So ward ich den Lauernden los!«[99]

Almas Reaktion fiel wohl umso bitterer aus, als ihre Beziehung zu Werfel sie nicht mehr erfüllte. Sie fühle sich, so schrieb sie Helene, unglücklich, ihre Beziehung sei zu einer Art müder Ehe geworden. Sie sehe alt aus, fühle sich schlecht und ganz erkaltet. Gropius ließ sie wissen, dass eine Stiefmutter der sensiblen Mutzi nicht zugemutet werden könne und ein Treffen daher nur noch in Wien, und zwar ohne Ise, möglich sei.

20

Ise kam in einer für das Bauhaus kritischen Zeit nach Weimar. Die Ausstellung hatte nicht nur Zustimmung, sondern auch Kritik hervorgerufen. Großspurige Programmreden, so Fritz Stahl im *Berliner Tageblatt*, die tiefsinnig täten, aber nur oberflächlich blieben und die durchaus praktischen Absichten der Anstalt nicht deutlich werden ließen, bestimmten die Veranstaltung. Das ausgestellte Musterhaus sei vollständig missglückt, zu sehr Programm, zu wenig gute Form, zu viel gefängnishafte Enge, zu wenig Bequemlichkeit und Komfort. Für Menschen mit feinen Nerven sei es unbewohnbar.

Auch die politische Lage spitzte sich zu. Im Herbst 1923 kam es in Weimar wie in ganz Thüringen zu Unruhen, als die Minderheitsregierung aus SPD und USPD, die sich bislang von der KPD hatte tolerieren lassen, angesichts von Wirtschaftskrise und Hyperinflation mit den Kommunisten eine Volksfrontregierung bildete. Die Volksseele kochte. Das bürgerlich-nationalistische Lager ging auf die Barrikaden, die Arbeiter bildeten proletarische Hundertschaften, die Reichsregierung verhängte den Ausnahmezustand, Truppen der Reichswehr rückten ein. Gropius und die Bauhäusler wurden beschuldigt, sich an den umstürzlerischen Umtrieben beteiligt zu haben, die Privatwohnung Gropius' und die Bauhausräume durchsucht.

Für Ise begann nun die harte Schule des Lebens. In ihren Händen lag fast die gesamte umfangreiche private und berufliche Korrespondenz ihres Mannes. Sie war Geliebte, Ehefrau, Gastgeberin, Lektorin, Organisatorin und Sekretärin in einer Person. Die vielen Aufgaben und die bis zur Einführung der Rentenmark Mitte November täglich schwieriger werdende wirtschaftliche Lage waren bald zu viel für die behütet aufgewachsene junge Frau. Sie bekam Magenbeschwerden, deren Ursache unklar blieb, und begab sich zur Kur nach Dresden in das Sanatorium Königspark.

Gropius besuchte sie, so oft er konnte, und berichtete ihr in der Zwischenzeit brieflich von der bedrohlichen Lage, in der sich das Bauhaus befand. Die Existenz der Schule schien gefährdet, als nach der Landtagswahl im Februar 1924 eine von der Vereinigten Völkischen Liste tolerierte Minderheitsregierung der Rechtsparteien, der »Thüringer Ordnungsbund«, an die Macht kam. Denn der Ordnungsbund förderte nicht nur antisemitische und antibolschewistische Kampagnen, sondern plante auch, die Reformprojekte der Vorgängerregierung einzustellen.

Das alles aber, schrieb Gropius aufmunternd und zuversichtlich an Ise, den »süßen Helfer«, könne ihm nichts anhaben, solange er sie hinter sich wisse, solange sie so zu ihm stehe, wie sie es bisher getan habe. Sie solle froh sein und sich nicht deprimieren lassen, sie besäßen etwas unerhört Herrliches in ihren Herzen.

Die Querelen um das Bauhaus waren jedoch nicht Ises einzige Sorge. In ihren Briefen fragte sie – und das nicht nur am Rande – nach Alma und Margarethe Fellerer, als fürchte sie, den Mann, für den sie so viel aufgegeben hatte, an eine andere wieder zu verlieren: »Hast Du Nachricht von Alma? Ich wollte, sie schriebe jetzt lieber nicht, bis ich wieder da bin. Und hast Du der Fellerer Dein Bild geschickt? Überhaupt, wer schreibt Dir denn und wer besucht Dich denn? Wenn sie erst wissen, dass ich in einem Sanatorium bin, dann werden alle wieder mutig.«[100]

Gropius versicherte Ise, dass zu ängstlicher Sorge kein Grund bestehe, »die Fellerer« tue ihm einfach nur furchtbar leid. Er schrieb aber weiter an sie, nicht ohne es Ise wissen zu lassen. Die kleinen Eifersuchtsdosen waren, wenn nicht Gedankenlosigkeit, vielleicht der Versuch, die junge, attraktive Ise in einer steten Unruhe zu halten und zur Höchstleistung im Kampf um ihn, den Vielumschwärmten, anzuspornen. Eine Strategie, die erfolgreich war, da sie von Beteuerungen seiner großen, nie versiegenden Liebe, die ganz allein auf sie gerichtet sei, und dem Versprechen, ihre Potentiale zu entwickeln, flankiert wurde – auch wenn vielleicht die bange Frage, ob er auf Dauer genügen werde, bereits im Hintergrund lauerte.

Ise war von seinem Willen zur Ausschließlichkeit wohl nicht ganz überzeugt, denn als Gropius sie einlud, ihn zu einem Vortrag nach Wien zu begleiten, lehnte sie entschieden ab. Vielleicht fühlte sie sich noch zu schwach, vielleicht wollte sie aber auch eine Begegnung mit Alma vermeiden, um sich nicht dem direkten Vergleich mit der illustren Vorgängerin auszusetzen.

Gropius, der die seltene Gelegenheit, seine Tochter zu sehen – Alma hielt sich nicht an die Abmachung, sie ihm zweimal im Jahr zu schicken –, unbedingt nutzen wollte, bat Ise um Verständnis. Er würde, wenn er nicht unbedingt den Wunsch hätte, Mutzi zu sehen, hierbleiben, um sie nicht in irgendein Gefühlsdilemma zu ziehen, aber er habe sie in die Welt gesetzt und die Verpflichtung, sich um sie zu kümmern. Gegen sie dürfe Ise keine dunklen Gedanken hegen.

Als Ise sich schließlich bereit erklärte mitzukommen, stellte sich heraus, dass ihr Reisepass abgelaufen war, und Gropius fuhr allein. Alma, enttäuscht, wie schnell er sich über sie hinweggetröstet hatte, ließ ihn das Zusammensein mit seiner Tochter nur kurz genießen. Auf dem Rückweg holte er Ise aus dem Sanatorium in Dresden ab und brachte sie nach Hause.

Den Sommer 1924 verbrachten Ise und Gropius im Ferienhaus der Mutter am Timmendorfer Strand, wohin sie bisweilen Freunde und Kollegen einluden. Das Ehepaar Kandinsky etwa verbrachte dort einen erholsamen Sommerurlaub, umsorgt, so Nina Kandinsky in ihren Memoiren, von Manon Gropius, einer »gütigen, gastfreundlichen und klugen Frau«.[101]

21

Von Anfang an setzte sich Ise, wie wir ihrem Tagebuch entnehmen können, energisch für die Belange des Bauhauses ein. Sie übernahm von Lily den Staffelstab, warb neue Förderer, sammelte Spenden, lektorierte Vorträge und Artikel, organisierte musikalische Soireen, korrespondierte mit Gott und der Welt und stabilisierte den immer wieder erschöpften und verzagten Ehemann.

Gropius wusste, was er an Ise besaß. Es gebe für ihn nur ein Unglück: sie zu verlieren. Solange er sie habe, könne ihn nichts an der Wurzel treffen, sei er innerlich beruhigt. Er erwarte von ihr seelische Taten von ganz besonderer Kraft; aber es genüge ihm, ihre Möglichkeit zu spüren.

Als Ise im Spätsommer 1924 erneut erkrankte und sich in einem Sanatorium in Opladen erholte, fuhr sie hin und wieder ins nahe Köln, um Freunde zu besuchen und die Werbetrommel für das Bauhaus zu rühren, das, so viel war längst klar, nicht in Weimar bleiben konnte. Stolz berichtete sie Gropius von ihren Erfolgen: »Ich revolutioniere ganz Köln samt dem Oberbürgermeister fürs Bauhaus und nun soll es gar hierher! … Ich schilderte ihm erst die politische Lage, dann die Bauhausarbeit, über die er in gar keiner Weise unterrichtet war, die ihn aber sichtlich interessierte. Dann gab ich ihm Deinen Artikel, den er sofort durchlas. Glücklicherweise hatte er gerade mit Schumacher gesprochen, der gesagt hatte, er kenne Dich und habe Deine Arbeiten immer mit dem größten Interesse verfolgt. Also Adenauer war von Deinen Ideen auch sehr angetan und wollte nähere Unterlagen haben … Alle nennen mich hier ›Frau Bauhaus‹!«[102]

Ise versuchte, den Oberbürgermeister Konrad Adenauer für die Idee zu gewinnen, das Bauhaus nach Köln zu holen und Gropius als Nachfolger Fritz Schumachers in das Amt des Stadtbaumeisters zu berufen. Sie requirierte im Kreis der rheinischen Industriellen neue zahlungskräftige Förderer und holte einen Auftrag für die Textilwerkstatt herein.

Gropius war gerührt und besorgt zugleich: »Meine süße Frau Bauhaus, Du bist ein Tausendsassa und kannst Dich vor Stolz blähen. Wir sind alle hier voll tiefem Respekt vor Deinen Leistungen, denn wir wissen wie zäh die Menschen im Ausweichen sind. Ich bin tief gerührt von Dir, Du mein guter Stern, und liebe Dich immer mehr.«[103]

Der Liebeserklärung folgten dann noch einige Sachlichkeiten. Sie betrafen den »Kreis der Freunde des Bauhauses«, zu dessen Bildung im Oktober 1924 öffentlich aufgerufen werden sollte. Ises Aufgabe war nun, im Vorfeld einige einflussreiche Mitglieder zu gewinnen, vielleicht sogar Adenauer selbst, und den »kleinen Dr. Lehmann« von den Wandsbeker Ulanen aufzusuchen, vielmehr dessen Frau, die früher in der Redaktion der *Kölnischen Zeitung* gearbeitet hatte: »Erzähle ihr von Deinem Besuch bei Dr. Schmitz und auch von Adenauer, auch von unseren Kölner Absichten, und bitte sie sehr, beiliegenden Aufsatz in die *Kölnische Zeitung* zu lancieren … Man muss die Presse gewinnen, wie Du ja richtig auch erkannt hast. Du hast offenbar großes Talent für diplomatische Aktionen … Du mein süßes, liebes, herrliches Menschenwunder.«[104]

Ise, die Alma um deren gesellschaftliche und künstlerische Fähigkeiten beneidete, versuchte, sich mit Talenten und Leistungen ganz eigener Art zu profilieren. Mit deutlich markierter Selbstsicherheit kontaktierte sie die ihr empfohlenen industriell und kulturell führenden Kreise und berichtete Gropius stolz von ihren Erfolgen. »Von Lucas habe ich eine Empfehlung an das Rheinisch-Westfälische Elektrizitätswerk in Essen und an einen Vetter von ihm, Beigeordneten Seippel … Mein Zug geht!

Komme Dienstag nach Hause! Montag muss der Vortrag noch werden! Adio!«[105]

Gropius war mit Ises Einsatz und der Entwicklung ihrer Persönlichkeit unter seiner Anleitung mehr als zufrieden und erhob sie zur gleichberechtigten Partnerin, die sich erlauben durfte, ihn beratend zu unterstützen. Sie sei so sehr gereift, dass sie wie mit Siebenmeilenstiefeln seine längere Lebenszeit aufgeholt habe, um ganz nahe bei ihm zu sein. Er rechne sich das als Verdienst an. »Ich gebe zu, meine Tätigkeit wie die des Bauhauses sind ein gutes Exerzierfeld für die menschliche und geistige Entwicklung, und ich sage das, auch wenn es arrogant klingen mag.«[106]

Zu große Selbständigkeit war allerdings nicht erwünscht, einholen, nicht überholen war die Devise, und so bat Gropius im Hinblick auf seine häusliche Behaglichkeit Ise nach einiger Zeit, es gut sein zu lassen und bald nach Weimar zurückzukehren. Sie folgte, von ihrer rastlosen Tätigkeit vielleicht selbst überrascht, seiner dringenden Bitte.

Inzwischen war die Lage für das Bauhaus in Weimar immer bedrohlicher geworden. Die neue Regierung führte den Kampf gegen die Schule mit so großer Härte, dass ihr Bestand gefährdet schien, auch wenn bekannte Wissenschaftler und Künstler, unter ihnen Franz Werfel, öffentlich für das Bauhaus eintraten. Selbst Fritz Stahl sprach sich im *Berliner Tageblatt* trotz aller Kritik im Einzelnen für den Erhalt der fortschrittlichen Anstalt aus, die in wenigen Jahren zu einer bedeutenden gesamtdeutschen Kulturangelegenheit geworden sei. Dass der Kampf gegen das Bauhaus auch ein Kampf gegen die Person Gropius war, beweist der Prozess gegen den früheren Syndikus des Bauhauses, Hans Beyer, wegen Beleidigung, angestrengt vom Staat Thüringen, verhandelt vor dem Amtsgericht Weimar. Beyer verlor zwar den Prozess und nahm die Verdächtigungen gegen Gropius zurück, aber ausdrücklich mit tiefem Bedauern. Selbst freundliche Stimmen stellten, je länger die Schlammschlacht dauerte, unmissverständlich klar, dass Gropius nicht das Bauhaus sei, und forderten: Wenn es gelte, das Bauhaus zu retten, dürfe der Gründer dem eigenen Werk nicht im Wege stehen.

Doch Gropius, erfahrener Frontkämpfer, hatte weder vor, das Kommando abzugeben, noch einen aussichtslosen Kampf zu führen. Als der Thüringer Landtag entschied, dass der staatliche Zuschuss um die Hälfte gekürzt, die Werkstätten mittels einer neu zu gründenden GmbH, für die Gropius bereits bedeutende Gelder eingesammelt hatte, weitergeführt, die Verträge des Direktors und der Meister aber nur auf ein halbes Jahr verlängert werden sollten, beschloss er gemeinsam mit den Meistern, die Flucht nach vorne anzutreten. In der Hoffnung, in einer anderen Stadt ein neues Domizil zu finden, erklärten sie am 27. Dezember 1924 das Bauhaus mit Ablauf ihrer Verträge zum 1. April 1925 für aufgelöst.

Trotz der angespannten Lage fuhren Ise und Gropius Anfang Februar 1925 für einen Monat zur Erholung nach Sizilien, wo sie per Zufall eines Abends in Taormina auf Alma und Werfel trafen. Alma mag die Begegnung angesichts der strahlenden Jugend ihrer Nachfolgerin und des inzwischen internationalen Renommees von Gropius mit gemischten Gefühlen erfüllt haben, auch wenn Werfel – von ihr betreut – inzwischen zu einem erfolgreichen Romanautor geworden war, dessen üppige Honorare – von ihr verhandelt – den gewohnt üppigen Lebensstil weiterhin ermöglichten. Sie liebte Werfel nicht mehr, fühlte ihr Leben nicht mehr mit dem seinen zusammenhängen. Er sei, vertraute sie dem Tagebuch an, wieder geschrumpft zu dem kleinen, hässlichen Juden der ersten Begegnung.

Während sich Ise und Gropius unter südlicher Sonne erholten, erhielten die in Weimar zurückgebliebenen Meister vom Dessauer Bürgermeister Fritz Hesse das Angebot, mit dem Bauhaus nach Sachsen-Anhalt zu kommen. Sie nahmen das Angebot an, obwohl Gropius der Kleinstadt Dessau die Großstadt Köln vorgezogen hätte, die ihm für seine private Tätigkeit als Architekt größere Aussichten zu bieten schien. Als am 24. März 1925 der Gemeinderat dem Antrag des Bürgermeisters zustimmte, obwohl sich bereits erster Widerstand formierte, war die Sache entschieden.

Ise besorgte nun, unterstützt von Herbert Bayer, dem neu ernannten Jungmeister der Werkstatt für Druck und Reklame, in Dessau Quartiere für die Meister und Schüler. Sie sollten als provisorische Unterkünfte dienen, bis die Meisterhäuser und das Wohnheim, mit deren Neubau Gropius beauftragt wurde, fertiggestellt sein würden. Bürgermeister Hesse war von der jungen Frau des Direktors beeindruckt. In seiner Autobiografie schrieb er über sie: »Was für alle Frauen der Bauhaus-Meister galt, zeigte sich auch im Gespräch mit Frau Gropius: Sie lebte im Werk ihres Mannes.«[107]

Das neue Selbstbewusstsein Ises lässt sich an dem Gruß erkennen, den sie, sozusagen von gleich zu gleich, dem Dichterfürsten Thomas Mann zum fünfzigsten Geburtstag sandte. Sie hätten leider den *Zauberberg* noch nicht lesen können, da sie im Lauf des letzten Jahres unaufhörlich Kämpfe hätten ausfechten müssen, von denen er vielleicht aus der Presse erfahren habe. »Ich weiß nicht, wieweit Ihnen unsere Welt und unsere Probleme fern oder nahe sind. Sie sind ein ›Angekommener‹, wir kämpfen noch mitten auf der Strecke! Aber das sind ja schließlich nur äußere Bezeichnungen; innerlich sind wir immer ›mitten auf der Strecke‹ und die Republik der Geister ist ein so starkes Band, dass alle Generationsunterschiede und anderen Welteinstellungen verblassen müssen, wenn es sich darum handelt, einem großen Repräsentanten dieses Reiches alle Verehrung und Liebe auszudrücken, deren man fähig ist!«[108] Der verehrte Meister dankte mit einer vorgedruckten Karte.

Im August 1925 litt Ise erneut an Magenbeschwerden. Als von den Ärzten wieder keine überzeugende organische Diagnose gestellt wurde, bestand Ise auf einem operativen Eingriff, um der Krankheit auf die Spur zu kommen. Der Blinddarm wurde entfernt, eine Schwangerschaft in frühem Stadium allerdings übersehen. So habe sie durch die Operation, wie sie fünfzig Jahre später dem Biografen erzählte, infolge der Unfähigkeit des behandelnden Arztes ihr Baby verloren und sei niemals wieder schwanger geworden.

22

Ende 1925 reisten Ise und Gropius zur Erholung nach Rapallo, dem damals mondänsten Seebad an der italienischen Riviera, obwohl sie wie immer knapp bei Kasse waren. Ihr Einkommen war zwar inzwischen gestiegen, auch wenn Löhne und Gehälter erst 1928 wieder ihre Vorkriegshöhe erreichen sollten, reduzierte sich aber durch die Unterstützung, die Manon Gropius und Ises Schwester Hertha, die, Mutter einer Tochter, sich von ihrem Ehemann getrennt hatte, von ihnen erwarteten. Auch ihr eigener recht aufwendiger Lebensstil – sie beschäftigten einiges Hauspersonal und waren seit kurzem stolze Besitzer eines Adler-Automobils – war auf ihr knappes Budget nicht so recht abgestimmt. Doch die Aussichten für die kommenden Jahre waren nicht schlecht, da das private Baubüro einige vielversprechende Aufträge erhalten hatte.

Im Sommer 1926 konnten die Meisterhäuser bezogen werden. Die Bauweise der Doppelhäuser war mit vorgefertigten Bauplatten fortschrittlich, die Grundrissaufteilung großzügig und der Wohnstandard so gehoben, dass Oskar Schlemmer nicht ganz wohl dabei war, als er sich angesichts der wachsenden Häuser vorstellte, dass sich eines Tages die Wohnungslosen anschauten, wie die Herren Künstler auf den Dächern ihrer Villen sich sonnten.

Ise hatte bei der Planung und Ausstattung der freistehenden Direktorenvilla mit Hausmeisterwohnung und Garage ein gewichtiges Wort mitzureden. Ganz besonders engagierte sie sich für die Gestaltung der hauswirtschaftlichen Bereiche, die nach wissenschaftlichen Gesichtspunkten erfolgen und mit Toaster, Bügeleisen, Haartrockner, Staubsauger, ja sogar mit einem Gänserupfer als Exempel für eine neue Lebensweise ausreichend elektrifiziert sein sollten.

Im Vorfeld der Planung hatte sich Ise brieflich bei Frau Professor Auerbach, die ein von Gropius gebautes, mit den neuesten technischen Errungenschaften ausgestattetes Haus bewohnte, erkundigt, was sich darin bewährt habe und was nicht. Mache die Grude, der Dauerbrandofen, der koche, brate und backe, viel Staub? Wie gehe es mit der Waschküche oben im Haus, die mittels einer Zisterne das Regenwasser nutze? Sie arbeite derzeit eifrig an den Grundrissen und der Ausstattung der neuen Häuser. Es gebe höllisch viel zu tun, da alles bald fertig sein müsse.

Auch wenn die Häuser den Meistern und ihren Familien einen hohen Wohnstandard boten, fühlten sie sich in der kleinen Industriestadt nicht so recht heimisch. Ise gestand Frau Auerbach, die Stadt gefalle ihnen ganz gut, aber das Beste seien doch die schöne Umgebung und die Nähe zu Berlin. Gunta Stölzl fand die Luft abscheulich, »einen Tag Raffinerie und einen Tag Spirituosenfabrik und sonst feuchter Dunst«.[109] Lucia Moholy-Nagy, Frau des Itten-Nachfolgers, hielt Dessau für einen Ort, an dem ein Reisender, der den Anschluss versäumt habe, nur ungern auf den nächsten Zug warte. Gropius selbst wird nicht allzu viel von der Stadt mitbekommen haben, denn er war nach wie vor rastlos unterwegs. Er hielt viele Vorträge, einmal fünfzehn Stück in drei Monaten, besuchte Tagungen verschiedener Berufsverbände und war zeitweise so oft abwesend, dass er Ärger mit Bürgermeister Hesse bekam, der ihm vorwarf, sich kaum an seinem Schreibtisch in Dessau aufzuhalten. Er wolle sich nicht auf Dauer mit »Frau Bauhaus« begnügen.

Anfang Dezember 1926 wurden die Dessauer Neubauten offiziell eröffnet. Tausende Besucher aus aller Welt kamen, um neben dem Lehr- und Werkstattgebäude die Meisterhäuser zu besichtigen. Besonders das fast ausschließlich mit Bauhaus-Erzeugnissen ausgestattete Haus Gropius hatte einiges zu bieten: einen begehbaren Kleiderschrank, ein zusammenschiebbares Doppelsofa, von zwei Seiten benutzbare Geschirrschränke, eine Heißwasser-Soda-Dusche in der Spülküche, ein klappbares Bügelbrett. Die spannendsten Einrichtungen wurden 1928 in dem Film *Das neue Haus* von Ise und ihrem Dienstmädchen vorgeführt, denn trotz aller Funktionalität könne auf Hauspersonal, so Ise im Tagebuch, nicht verzichtet werden, damit sich die Hausfrau nicht durch niedere Arbeiten aufreibe.

Wichtige Gäste wurden von Ise persönlich empfangen und durch die Bauten geführt, so auch der Dessauer Frauenverein, der sich besonders von der leicht sauber zu haltenden Küche mit den praktischen Geräten angetan zeigte. »Herzerfreuend für jede Hausfrau, die nicht leidenschaftlich gern putzt und schrubbt.«[110]

Wiederkehrende Anfragen zur hauswirtschaftlichen Einrichtung der Meisterhäuser scheinen Ise, die ja nach der Höheren Töchterschule eine Haushaltungsschule besucht hatte, auf die Idee gebracht zu haben, sich als Hauswirtschaftsexpertin zu etablieren. Es fehle, so schrieb sie einer Frau Justizrat Hündorf, die sie um Rat gebeten hatte, heute geradezu an Frauen, die nicht etwa Architektin im alten Sinne seien, sondern sich spezialisierten auf hauswirtschaftliche Dinge. Mit der Architektin könnte sie Margarete Schütte-Lihotzky gemeint haben, die gerade dabei war, die kleine ›Frankfurter Küche‹ zu entwerfen, eine kostengünstige Einbauküche für die neu entstehenden Sozialbauwohnungen.

Ise konzipierte nun, von Gropius angeleitet, Küchengeräte und -einrichtungen, da in Deutschland erst wenig auf dem Markt zu finden war, was sowohl ihre technischen als auch ästhetischen Ansprüche befriedigen konnte. Sie suchte den Kontakt zu Deutschlands Hauswirtschaftslehrerin Nummer eins, Erna Meyer, deren Buch *Der neue Haushalt. Ein Wegweiser zu wirtschaftlicher Haushaltsführung* gerade auf den Markt gekommen war und ein Bestseller zu werden versprach, und lud sie nach Dessau ein. In ihrem Buch hatte Meyer Abbildungen neuer Arbei-

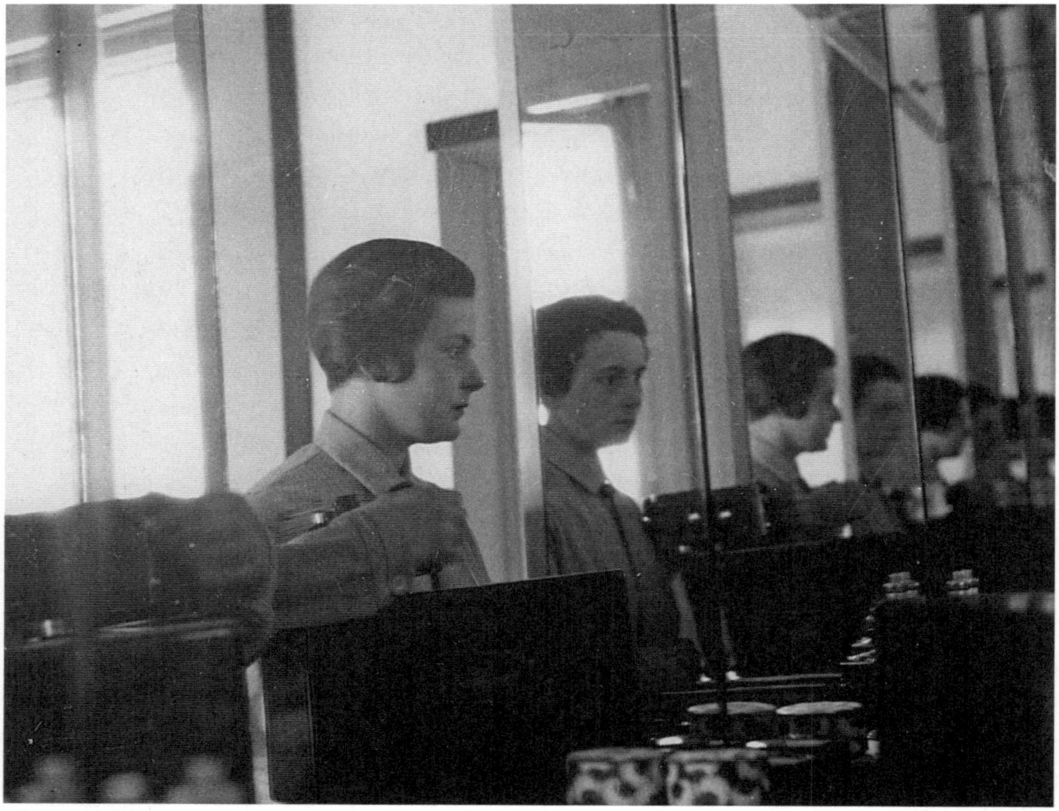

Ise Gropius, Selbstportrait vor dem Toilettenspiegel
im Dessauer Meisterhaus (um 1926–1927)

ten aus den Bauhaus-Werkstätten verwendet und sollte sich nun an Ort und Stelle über alles informieren.

Kurze Zeit später empfahl Ise der ›Kollegin‹, die Idee einer fahrenden Musterküche auf jeden Fall in die Tat umzusetzen. Frauen könnten nur durch praktische Vorführung überzeugt werden, das sehe sie jeden Tag bei den Führungen. Was allerdings nicht auf Arbeiterfrauen zutreffe, denn diese seien nahezu beratungsresistent. Ise verkannte, dass es diesen Frauen wohl weniger an Einsicht mangelte, vielmehr an Geld. Die Errungenschaften der Musterküche waren für sie leider unerschwinglich. »Die Beeinflussung der Arbeiterschaft«, schrieb Ise an Erna Meyer, »scheint unglaublich schwierig zu sein; was wir jetzt wieder in der Siedlung Törten erlebten. Trotzdem der hiesige Hausfrauenverein sehr viel für uns wirbt und außerdem die politische Linke immer für das Bauhaus kämpft, ist es nicht gelungen, die Leute zum Ankauf der vom Bauhaus hergestellten Möbel zu bewegen. Meinung und Erkenntnisse der Führer sind da ganz unmaßgeblich. Die erste, die sich alles vom Bauhaus bestellte, ist ein ehemaliges Dienstmädchen von mir.«[111]

Neben ihrer Betätigung als selbsternannte Hauswirtschaftsexpertin scheint Ise wie so viele Frauen am Bauhaus hin und wieder auch mit der Kamera experimentiert zu haben. Die Fotografie war zu einem relativ einfach zugänglichen Medium geworden, da eine professionelle Ausbildung nicht erforderlich schien und die Firma Ernst Leitz in Wetzlar gerade die erste erschwingliche und handliche Kleinbildkamera, die Leica, auf den Markt gebracht hatte. Ein Selbstporträt von 1926 zeigt Ise als mehrfach gespiegelte, facettenreiche Persönlichkeit.

Im August 1927 verbrachten Ise und Gropius zwei Wochen im Kreis der Familie im Sommerhaus am Timmendorfer Strand und fuhren dann mit dem Adler weiter über Rostock nach Kopenhagen, wo Gropius zu Vorträgen geladen war. Über Trelleborg, die Insel Rügen, Stralsund ging es nach Dessau zurück und wieder auf in den Kampf.

23

In Dessau wuchs, wie einige Jahre zuvor in Weimar, der Widerstand gegen das Bauhaus. Alte und neue Anschuldigungen machten vor allem Gropius das Leben schwer. Zwar konnte er einzelne Verleumder wie den Kaufmann Georg Büchlein vor dem Landgericht Dessau wegen Beleidigung erfolgreich verklagen, doch der Ruf blieb beschädigt. Schließlich war er die ewigen Querelen leid und erklärte Anfang Februar 1928 seinen Rücktritt vom Posten des Direktors zum 1. April.

Zu dieser Entscheidung mögen auch die sichtbaren Auflösungserscheinungen des Freundeskreises um Ise und Walter Gropius beigetragen haben, zu dem vor allem László Moholy-Nagy, Marcel Breuer und Herbert Bayer gehörten. Sie waren mit ihrer Situation in Dessau und am Bauhaus unzufrieden und strebten nach Berlin, ins pulsierende Zentrum kultureller und künstlerischer Entwicklung.

Bayer hatte Gropius seinen Weggang bereits Anfang Januar 1928 mitgeteilt: »Ich möchte das Bauhaus verlassen und habe die feste Absicht am 1. April für Oktober 1928 zu kündigen. Ich teile Ihnen dies jetzt schon mit, damit Sie wissen sollen, dass mein Gehalt zur weiteren Verfügung frei wird. Ich gehe weg, weil ich den starken Wunsch habe, zu arbeiten, was mir hier nicht in dem gewünschten Maße möglich ist. Ich bin mit meiner Tätigkeit und meinen Leistungen am Bauhaus nicht zufrieden, weil ich durch die allgemeine unfruchtbare Belastung meiner Kräfte diese nicht voll ausnützen kann. Ich möchte auch ein natürlicheres Leben im allgemeinen. Die ungünstigen Wohnverhältnisse tragen zu dem Entschluss bei.«[112]

Während Bayer und Breuer die Ablehnung ihrer Forderungen nach einem höheren Gehalt, eigenen Meisterhäusern und der Verleihung des Professorentitels zum Rücktritt bewog, wollte sich Gropius noch einmal einer neuen Aufgabe zuwenden, wie Ise dem Kunstkritiker Max Osborn in einem ausführlichen Brief erläuterte: Ihr Mann habe neun Jahre lang unerhörte Opfer an Zeit gebracht und sein Wissen und seine Erfahrung in Kämpfen mit Hinz und Kunz verschwendet. Der Aufwand an Nervenkraft stehe in keinem Verhältnis zum Erfolg. Es scheine daher nicht mehr sinnvoll, dass einer der wichtigsten Führer des Neuen Bauens sich mit Kleinkrämereien befasse. Gropius wolle einen Neubeginn wagen und endlich baulich umsetzen, was er bislang nur gelehrt habe. Er sei voller Arbeitsdurst und lebe schon ganz in der Zukunft. Und doch falle ihnen, vor allem ihr, der Abschied vom Bauhaus unglaublich schwer. »Wir wissen zu genau, dass es nicht möglich sein wird, einen Kreis so eng verbundener Menschen noch einmal zu schaffen, und dass wir in Zukunft auf vieles verzichten müssen, was sich hier selbstverständlich ergab!«[113]

Verzichten musste Ise auf das mustergültige Haus, das sie erst ein gutes Jahr bewohnte und das im Gegensatz zur üblichen Berliner Etagenwohnung der Hausfrau einen exklusiven Rahmen bot. Vermissen musste sie auch die anregenden Gespräche und Diskussionen, den geistigen Austausch und das kreative Miteinander auf engstem Raum, die kleinen Feiern und großen Feste. Immer war etwas los, immer kamen interessante Besucher. Das Bauhaus war eine Welt ganz eigener Art, ein Experimentierfeld, freizügig, ohne prüde Konventionen und soziale Schranken, geprägt von angehenden Künstlern, die nur wenige Jahre jünger waren als sie selbst.

Die Freunde zogen nun nach Berlin und gingen eigene Wege. Marcel Breuer ließ sich als selbständiger Architekt nieder in der Hoffnung, endlich bauen zu können. Er hatte schon beim Bau der Dessauer Siedlung Törten auf Beteiligung gedrängt, war aber, obwohl von Gropius massiv unterstützt, von Kollegen aus dem Projekt gedrängt worden, worauf der ehrgeizige Breuer mit Kündigung gedroht hatte, dann aber doch geblieben war. Herbert Bayer ging als künstlerischer Leiter zur neu gegründeten Berliner Filiale der amerikanischen Dorland Werbeagentur. Moholy-

Nagy eröffnete ein eigenes Studio. Beide arbeiteten unter anderem für die Zeitschrift *die neue linie*, das »Blatt für Menschen von Geschmack«, also für alle gnädigen Frauen, so die Werbung, die anspruchsvoll seien und es bisher schwer gehabt hätten, eine Zeitschrift zu finden, die ihre Wünsche zu erfüllen wusste. Moholy-Nagy gestaltete im Lauf der kommenden Jahre acht und Bayer 26 Umschläge der neuen Zeitschrift.

Nach dem Abschied von Dessau unternahmen Ise und Gropius gemeinsam mit der Frau des Bauunternehmers Adolf Sommerfeld erst einmal eine schon lange ins Auge gefasste Reise in die Vereinigten Staaten.

Sie sollte in New York beginnen, quer durch das Land führen und sieben Wochen dauern. Die Kosten in Höhe von 3500 bis 4000 Mark pro Person wurden von Sommerfeld und der Reichsforschungsgesellschaft für Wirtschaftlichkeit im Bau- und Wohnungswesen aufgebracht, da Ise und Gropius sich außerstande sahen, die Reise selbst zu finanzieren. Um auch Marcel Breuer, den Ise protegierte und den sie für den fähigsten unter den jüngeren Meistern hielt, die Reise zu ermöglichen, schrieb Ise einige Bittbriefe an wohlhabende Freunde des Bauhauses. Da nicht genug Geld hereinkam, fuhren Ise und Gropius mit Frau Sommerfeld allein.

Ise versprach sich von der Reise die Möglichkeit zu Artikeln und Vorträgen und fertigte zur Illustration gemeinsam mit Gropius etwa 400 Fotografien mit spürbar künstlerischem Anspruch, viele durchaus zum Abdruck geeignet. Von den vier Reportagen, die sie schrieb, wurde jedoch nur eine in der Modezeitschrift *Die Dame* abgedruckt: »Wie sieht die New Yorkerin aus?« Die drei anderen Texte – »Angst vor Amerika«, »Autofahren in New York« und »Im Land der singenden Frösche und himmelblauen Wasserfälle« blieben unveröffentlicht. Das *Land der singenden Frösche*, eine Reportage aus Arizona, wurde vom Ullstein-Verlag mit der Begründung abgelehnt, dass Beiträge zu diesem Thema erst kürzlich erschienen seien. Der Bericht von einer geführten Tour in altes Indianerland war dem Verlag vielleicht allzu summarisch.

Von den Havasupais-Indianerinnen wusste Ise nur zu berichten, dass ihre Armut unbeschreiblich sei und allein von ihrer Genügsamkeit übertroffen werde – ein Verstoß gegen das für gute Reportagen geltende Beschreibungsverbot. Von den Fotografien wurde lediglich eine publiziert: eine sehr dynamisch wirkende Aufnahme aus dem Maschinenraum des Ozeandampfers.

Es scheint, als hätte sich gegenüber den neuartigen fotografischen Blickwinkeln – von oben, von unten, schräg, verdreht – und überhaupt gegenüber dem Thema Amerika bereits ein gewisser Überdruss ausgebildet, als seien Ise und Gropius einige Jahre zu spät auf die Reise gegangen. Das Publikum, ausführlich bedient, war anspruchsvoll geworden. Reportagen und Bilder aus den Vereinigten Staaten waren nur noch gefragt, wenn sie ungewöhnlich gut geschrieben waren und eine erfrischend neue Sichtweise boten. Der Architekt Erich Mendelsohn etwa hatte 1926 einen Fotoband seiner Amerikareise mit hundert meist eigenen Aufnahmen veröffentlicht, der mehrere Auflagen erreichte. Der »rasende Reporter« Egon Erwin Kisch bereitete gerade eine vielversprechende Serie von Reiseberichten über das »Paradies Amerika« vor.

Nach der Rückkehr richteten sich Ise und Gropius in der Potsdamer Straße 121a häuslich ein. Die großzügig geschnittene Zwölf-Zimmer-Wohnung beherbergte auch das Büro, das bisweilen bis zu acht Zimmer beanspruchte. Das Personal bestand neben den Architekten aus zwei Dienstmädchen, einer Köchin, einer Sekretärin, einer Archivarin und einem Hausburschen. Das Büro mit zeitweise zwanzig Mitarbeitern, darunter nur eine Architektin, bearbeitete Wettbewerbe, Siedlungsprojekte, den Bau von Wohnhäusern in Berlin und des Arbeitsamtes in Dessau. Zudem hatte Gropius im Februar 1928 mit Sommerfeld einen Vertrag geschlossen, der ihn für ein Jahresgehalt von 20 000 Mark verpflichtete, sich dem Aufbau einer Fertighausfabrik zu widmen. Der Lebensunterhalt schien gesichert, und doch war Gropius nach wie vor viel unterwegs, um Vorträge zu halten, die – so Ises spätere Auskunft an den

Biografen – eine nicht unerhebliche Aufbesserung des Haushaltseinkommens bedeuteten.

Berlin brachte für Ise eine spürbare Arbeitsentlastung, da die Sekretärin einen großen Teil der umfangreichen Schreibarbeiten übernahm. Zugleich aber wurde sie stärker als in der Provinz und am Bauhaus mit dem mondänen Bild der Neuen Frau konfrontiert, wie es die Zeitschriften *Die Dame*, *Elegante Welt* und *die neue linie* inszenierten und dem in der Hauptstadt zumindest Frauen, die wie sie aus großbürgerlichen, gebildeten und finanziell gut gestellten Kreisen stammten, vielfach nachstrebten.

Die Neue Frau hatte ein wahres Wunderwesen zu sein: berufstätig, finanziell unabhängig, sexuell selbstbestimmt, sportlich mit Bubikopf und weiblich mit kurzem Rock bis zum Knie. Nicht mehr nur die Frau an seiner Seite, sondern eine Persönlichkeit eigener Prägung, wie ein Schlager 1928 spöttisch textete: »Jedes Mädel unsrer Zeit / hat 'ne eigne Tätigkeit: / Lilly, die schreibt Bücher / Tilly, die malt Tücher, / Grete Müller ist Dentist, / Paula Hiller ist Jurist, / Anna Stiller predigt – / erledigt!«

Von einigen der beeindruckenden Neuen Frauen berichtete Lily Hildebrandt in der Fotoreportage *Künstlerehen unserer Architekten*, die sie im Januar 1931 in *Sie und Er in Sport, Film, Mode und Gesellschaft* publizierte. Zu den Neuen Künstlerfrauen zählte Lily die Architektin Marlene Poelzig, die Pianistin Lydia Hoffmann-Behrendt, die Schauspielerin Emilia Unda-Häring, aber auch Ise Gropius, die streng genommen nicht zu den Künstlerinnen zu rechnen war. Ise Gropius übe, führt Lily aus, abgesehen von gelegentlichen schriftstellerischen Arbeiten keine eigene selbständige Tätigkeit aus, sondern gehe ganz in dem Werk ihres Gatten auf. Sie sei ihm eine wertvolle Gefährtin, eine Kameradin, wie sie der in vielfache Kämpfe verstrickte Architekt dringend brauche. Ansonsten aber verkörpere Ise Gropius, und es klingt etwas wehmütig, ganz den Typus der neuen sportlichen Frau in selbstbewusster Jugendlichkeit.

Stimmt das Bild, das Lily von Ise zeichnete? War sie noch immer damit zufrieden, nur jung, sportlich und wertvolle Gefährtin zu sein? Sah sie sich nicht vielmehr in Konkurrenz zu Frauen wie ihrer Schwester Ellen, die, als Tänzerin und Schauspielerin ausgebildet, zu den schönsten Hoffnungen berechtigte und viel umschwärmt wurde? Ellen, einige Jahre mit Moholy-Nagy liiert, trat in verschiedenen Theatern und Kabaretts auf und posierte hin und wieder für *die neue linie*. Nur wenige Jahre später gelang ihr in der Rolle der selbstbewussten jungen Frau in *Es gibt eine Frau, die dich niemals vergisst* das Filmdebüt.

Im Vergleich mit Ellen Frank wirken Ise und die Frauen der Meister des Bauhauses nicht gerade wie Modelle für das Bild der Neuen Frau. Sie ließen sich, unbezahlt, immer wieder für Arbeiten zugunsten des Bauhauses einspannen, wenn das magere Budget der Schule nicht erlaubte, anderweitige Hilfe einzukaufen. Lily Klee, gefragte Konzertpianistin, spielte bei Veranstaltungen für die Freunde des Bauhauses. Lucia Moholy und Irene Bayer, beide studiert, ließen sich in Fotografie unterrichten, um die neuen Bauten und Werkstattprodukte aufzunehmen und die Arbeit ihrer Männer zu unterstützen. Erst auf der Werkbund-Ausstellung »Film und Foto« 1929 in Stuttgart stellten sie Arbeiten unter eigenem Namen vor. Ise saß, bis zur Erschöpfung, oft auch am Sonntag von morgens bis abends an der Schreibmaschine. Sie sei nicht in eine der Werkstätten eingetreten, da ihre besondere Begabung, so vertraute sie dem Tagebuch an, mehr auf dem literarischen Gebiet liege, was sie zur natürlichen Mitarbeiterin ihres Mannes mache, der immer eine große Menge von Artikeln, Berichten und Erklärungen verfassen müsse. Dass sie mit der Schreibmaschine hantieren könne, sei ein großer Glücksfall für sie und Gropius, und während all ihrer Reisen werde sie immer von ihrer kleinen *Olympia* begleitet. In Berlin fiel Ise nach dem Ende ihrer engagierten Tätigkeit für das Bauhaus vor allem als Frau an seiner Seite auf, was sich dem Tagebuch Harry Graf Kesslers entnehmen lässt, der am 14. Juli 1930 anlässlich einer Einladung bei dem Bankier

Hugo Simon, in dessen Haus sich wöchentlich Politiker, Künstler, Wissenschaftler und Finanzleute trafen, notierte: »Großes Frühstück zu Ehren von Maillol bei Simons in der Drakestrasse: Gropius (mit seiner sehr hübschen jungen Frau).«[114]

24

Auf Empfehlung ihrer Schwester Ellen reiste Ise im Mai 1929 nach Ascona, der kleinen Stadt am Lago Maggiore. Sie lernte dort Ellens Freund Philippe Hauser, genannt Filippo, kennen, einen Berner Ingenieur, der ihr anbot, sein Haus mit Garten zukünftig als Urlaubsdomizil zu nutzen. Sie nahm an und bezog die Casa Hauser im Frühjahr 1930 gemeinsam mit Gropius. Nur wenige Wochen später kamen sie erneut, im Schlepptau die alte Bauhaus-Truppe: Marcel Breuer, Herbert Bayer und der zum Freundeskreis gehörende Bauhäusler und Bühnenbildner Xanti Schawinsky. Die jungen Leute spielten mit Gropius – der in ihrem Kreis gerne den Macho gab und die Jungs, alle keine Kostverächter, aufforderte, »ran an den Speck« zu gehen – Boccia. Mit Ise, die blieb, als Gropius nach Berlin zurück musste, unternahmen sie lange Bergtouren.

Und nun geschah, was Gropius wohl schon lange gefürchtet hatte: Ise verliebte sich in einen anderen Mann. Ihre Wahl fiel auf den begabten, erfolgreichen, gut aussehenden, sonnengebräunten Bayer, Typ Naturbursche, und drei Jahre jünger als sie selbst. Bayer, viel umschwärmt und ein notorischer Fremdgänger – seine vielen Affären waren der Grund für die räumliche Trennung von seiner Frau Irene –, zeigte sich ernsthaft verliebt: »Überall bist Du und sehe ich nur Dich.«[115]

Ise, ebenfalls umschwärmt, nahm nun auch für sich das in den fortschrittlichen Bauhaus-Kreisen propagierte Recht zu weiblicher Selbst-

Xanti Schawinsky, Herbert Bayer und Filippo Hauser beim Boccia-Spiel
in Ascona, mit dem Schatten der Fotografin Ise Gropius (1930)

bestimmung und freier Liebe in Anspruch. Auch hierin erwies sie sich als eine gelehrige Schülerin ihres Ehemannes. Sie habe, so sagte sie in späteren Jahren in einem Interview, keine Skrupel gehabt, sondern den Liebesgenuss hingenommen als etwas, das ihr als ein Stück Freiheit zustand. Zu sehr habe ihr Mann sie immer vor allem beschützt und unter seine Fittiche genommen. Zu viel wusste sie wohl auch von seinen früheren Liebesverhältnissen mit verheirateten Frauen, immerhin verwaltete und beantwortete sie seine Briefe.

Vielleicht war das Liebesabenteuer Ises Versuch, sich von ihrer Rolle als Frau Gropius zu lösen, die sich in Berlin um einiges weniger glanzvoll gestaltete als in Weimar und Dessau. Vielleicht war es Ausdruck ihres Wunsches nach Verwandlung – von der treuen Gattin zur freizügigen Neuen Frau. Eine Fotografie zeigt Ise, die zu schlafen scheint, nackt am Steinstrand mit dem Rücken zum Betrachter. Ihr nähert sich von rechts unten ein männlicher Schatten mit Hut. Es ist nicht zu erkennen, ob es sich um Herbert Bayer oder Walter Gropius oder jemand anderen handelt.

Ise verbrachte von nun an viel Zeit in Ascona mit den jungen Freunden, während Gropius in Berlin ausharren oder auf Vortragsreise gehen musste. Verzweifelt suchte er Aufträge, um wenigstens etwas Geld zu verdienen und sein Büro am Leben zu erhalten, denn es stand infolge der Weltwirtschaftskrise um das deutsche Bauwesen so schlecht, dass er zeitweise mit dem Gedanken spielte, sich wie einige seiner Kollegen von den Sowjets anwerben zu lassen.

Als hätte Gropius etwas von Ises Verwandlung geahnt, änderte sich der Ton seiner Briefe. Sie klinge, so klagte er, seit einiger Zeit etwas »matter, entfernter, entwalteter«, obwohl er gerade jetzt ihrer Wärme und Zärtlichkeit bedürfe. Er habe, so warnte er, eine sehr schöne Frau in seinem Wagen durch Berlin gefahren, leider sei sie jetzt abgereist, doch er freue sich, dass Frauen noch immer sehr richtig auf ihn reagierten, selbst wenn sie schön seien. Sie solle nichts in ihren Ring hineinlassen, er fühle für sie zärtlich wie am ersten Tag. Das sage er nicht nur so dahin. Er habe Inventur gemacht, und die sei positiv für sie ausgefallen. Es habe sich gut mit ihr gelebt. Zwei Tage später räumte er ein, sie viel allein gelassen zu haben, was, wie er wisse, nicht gut für ihre Beziehung gewesen sei. Er verspreche ihr, sich zu bessern, und bitte um Beistand und Zuwendung: »Liebe mich, auch wenn ich jetzt so graugefärbt und abgerissen bin, ich werde mich schon wieder rangieren, vor allem, wenn Du Deine Zärtlichkeiten an mir zelebrieren wirst, nach denen ich mich so sehne! Ich liebe Dich sehr!«[116]

Sie solle ihm einmal schreiben, bat er einige Wochen danach, wie sie ihre Beziehung sehe und auch die Minusseiten durchaus erwähnen. Er selbst wolle sich in Zukunft wieder mehr um sie kümmern, ihre Potentiale entwickeln helfen. Sie müsse ihn auf den Reisen begleiten, auch wenn er dadurch ein bisschen früher bankrott gehe. Ihre Beziehung sei die einzig positive Wirklichkeit ihres Lebens, die er niemals aus seinen Gedanken verliere, nicht einmal für einen einzigen Tag, und er hoffe, sie auch nicht.

Als Ise nicht, wie erhofft, warm und freudig reagierte, fragte er, nun für jede ihrer Stimmungsschwankungen sensibilisiert: »Was ist los mit Dir? Du benahmst Dich so kalt und steif am Telefon; Du hast Dich überhaupt nicht gefreut. Warum ist Deine Stimmung ›umnebelt‹, wie Du schreibst?«[117]

Die nächste Reise nach Barcelona unternahm Gropius doch wieder allein, da Ise sich im Schutz des Freundeskreises viel lieber mit dem Geliebten – beide waren passionierte Skiläufer – in den Bergen traf. Breuer, mit allen Beteiligten befreundet und sicher schon länger eingeweiht, könnte den Verliebten als Liebesbote gedient haben. In seinen Briefen an Ise, von den Freunden Pia genannt, teilte er das Neueste über Bayer mit, allerdings so, dass auch Gropius, »Pius«, sie lesen konnte, ohne Verdacht zu schöpfen. Im November 1931 berichtete Breuer ihr aus Madrid, wo er sich in der Hoffnung, Aufträge zu erhalten, niedergelassen hatte: »Wenn ich dem Herbert etwas verschaffen kann, so tue ich es bestimmt. Ich bin davon überzeugt, dass er hier gut durchkäme, wenn er sich ein halbes Jahr halten kann. Es wird viel gebaut hier.«[118]

Wollte Herbert Bayer weg von Dorland, weg von Berlin? Wurde ihm das Verhältnis mit der Ehefrau seines Mentors und väterlichen Freundes zu heikel? Wollte er allein oder gemeinsam mit Ise weg, allen einengenden Bindungen entfliehen und neu anfangen? Oder war das Angebot, Bayer eine Stelle zu verschaffen, nur der Versuch des ehrgeizigen Breuer, sich Ise zu verpflichten? Er wusste, welchen Einfluss sie auf Gropius hatte, denn er setzte, um seine Ziele zu erreichen, immer wieder auf ihre Fürsprache und bekannte sich offen zu seiner Strategie. »Da Gropius bekanntlich Deinem teils befürworteten, teils verdammten, jedoch immer beneideten weiblichen Einfluss unterliegt, hoffe ich, auch zu ihm durch Dich direkter zu sprechen, als direkt. Egoismus meinerseits, sagst Du, und wie immer hast Du recht.«[119]

Von einer Rundreise durch Marokko schrieb Breuer an Ise, die ihn wohl gedrängt hatte, endlich etwas zu unternehmen, er wolle Anfang Januar wieder in Madrid sein und sich konkret für Bayer einsetzen. »Ich habe dort vorgeschlagen, dass Herbert die Ausmalung eines großen neuen Kinos bekommt, im Januar wird sich das entscheiden.«[120]

Immer wieder umschmeichelte Breuer in seinen Briefen die fünf Jahre ältere Ise, nannte sie, vielleicht selbst in sie verliebt, das »göttliche, ferne Weib« und widersprach ihrer Behauptung, dass sie von Tag zu Tag hässlicher werde. Das könne nicht sein, denn immerhin würde er sie gern stundenlang ansehen. In einem Gedicht, das er einmal auf sie geschmiedet hatte, nannte er sie eine Donna, die zwar göttlich, aber leider zu klug und zu anständig sei. Er könne ihrem Mann nur raten, sie zu multiplizieren und jedem seiner Mitarbeiter ins Bett zu legen, man müsse seine Mitarbeiter schließlich lieben und bilden.

Als Dank für Bewunderung und Botendienste erledigte Ise für Breuer immer wieder kleinere Aufgaben. Sie schickte ihm die Post nach, bat

Bayer, Breuers Schecks einzulösen und das Geld für ihn aufzubewahren, da dieser der Solidität der Banken nicht mehr recht traute, und übernahm Schreibarbeiten.

25

Die Affäre dauerte schon zwei Jahre, als Ise und Herbert Bayer sich endlich entschlossen, Gropius reinen Wein einzuschenken. Ise gestand ihrem Mann den Seitensprung, ohne zu versprechen, das Verhältnis zu beenden. Bayer, dem es schwerfiel, dem betrogenen Freund gegenüberzutreten, zog sich zurück. Gropius, der sich erneut in der Rolle des geschädigten Dritten sah, verhielt sich nun anders als bei Alma und Werfel. Er kämpfte, und zwar geschickt.

Er besuchte unverzüglich den Rivalen und begegnete ihm verständnisvoll, nicht ohne den sofortigen Abbruch der Beziehung zu fordern. Anschließend berichtete er Ise von seiner großmütigen Haltung und seiner erfolgreichen Bemühung um Offenheit: Sie hätten sich sehr lange unterhalten, wobei sie, Ise, nur gelegentlich im Gespräch zitiert worden sei. Er finde übrigens, dass Bayer etwas besser aussehe. »Er fühlt es wohl auch als eine Erleichterung, dass es mir gelingt, Unbefangenheit ihm gegenüber zu erzeugen. Wenn wir nur keine Fehler machen, hoffe ich, dass es langsam mit ihm aufwärts gehen wird.«[121]

Gropius stellte den Rivalen als einen Rekonvaleszenten dar – als wäre seine Liebe eine Krankheit, die sich kurieren lasse – und zugleich als ängstlichen, befangenen jungen Mann, der einen Fehler gemacht habe und nun bereue. Seine Strategie, gleichsam die Rolle eines über der Situation stehenden Moderators zu übernehmen, führte zu einem ersten Erfolg. Bayer fühlte sich ihm so verpflichtet, dass er an Ise schrieb, sie müssten sich bemühen, die Affäre zu beenden, da ihr Mann das von ihnen erwarte.

Bayers Frau Irene verhielt sich weniger konziliant. Während sie bislang die Seitensprünge ihres Mannes toleriert hatte, drohte sie Bayer nun mit Scheidung und entzog ihm die Tochter. Sie sah ihre Ehe zum ersten Mal in wirklicher Gefahr, da es sich nicht um eine der üblichen Lilis und Mizzis handelte, sondern um die selbstbewusste Ise, die stark genug war, eine endgültige Trennung von ihr fordern zu können. Damit hätte sie, die ihren Mann wohl noch immer liebte, die einzige Rolle verloren, die ihr geblieben war: sich um das gemeinsame dreijährige Kind zu kümmern und sich schützend vor den untreuen Ehemann zu stellen, wenn irgendeine zudringliche Blondine die Scheidung verlangte.

Bayer sah sich in einer ungewohnt schwierigen Lage. Er fühlte sich zwischen Irene, Ise und Gropius hin und her gerissen. Er musste sich entscheiden, ohne jemanden, vor allem Gropius nicht, zu verletzen. »Pius war«, schrieb er an Ise, »unendlich besorgt und großzügig und nobel und alles, was ein Mensch überhaupt sein könnte. Er hat verhindert, dass ich vor ihm beschämt sein soll. Es ist so schwierig, dass ich gerade ihm solchen Kummer bereite.«[122]

Während Gropius dem jungen Liebhaber offen und vertraulich begegnete, versuchte er Ise von der Ernsthaftigkeit seiner Liebe zu überzeugen und versprach ihr wieder einmal, sich in Zukunft wieder mehr um sie und ihre Begabungen zu kümmern: »Du fehlst mir sehr! Ich weiß, dass unsere Mission aneinander noch längst nicht erfüllt ist, auch meine nicht an Dir! Neue Lebensmöglichkeiten, unbekanntes Herzmoos beginnt zu wuchern, das ›Wunder‹ unserer Begegnung treibt noch Blüten in mir.«[123]

Drei Wochen später erfolgte eine weitere Aussprache mit Bayer, und wieder berichtete Gropius Ise von der Begegnung; sie sollte sich nicht ausgeschlossen, sondern als Teil der Verständigung fühlen. Auch diese Begegnung sei ungetrübt und unverkrampft verlaufen. Er habe alles mit ihm bereden können, was ihm in den letzten Wochen durch den Kopf gegangen sei, auch von sich selbst habe er sprechen können. Bayer »habe es bedauert, nicht längst mir entgegengekommen zu sein, dafür sei sein Schuldgefühl gegen mich Ursache gewesen. Dieses Gefühl habe ich nun vor allem ihm zu nehmen versucht, da es nicht ein Hemmnis unserer wachsenden Verständigung werden darf. Ich finde ihn nicht in schlechter Verfassung und zweifellos viel besser als seit ich damals aus Berlin fortfuhr. Er ist sicherlich noch nicht fertig mit sich – wie sollte er –, aber die Tatsache, dass er sich intensiv nach eigener stiller Arbeit sehnt und viel zu mir davon spricht, ist ein gutes Zeichen, wenn ich auch viel davon auf deine kluge und liebevolle Einwirkung zurückführen will.«[124]

Gropius, der wie Irene Bayer wusste, dass die Lage ernst war, setzte auf Zeit und zugleich auf Offenheit, Güte und abgeklärte Nachsicht, um sich die beiden Liebenden zu verpflichten, um keine trotzige Selbstbehauptung aufkommen zu lassen und um die eigene Überlegenheit über den als schwach und unreif geschilderten Rivalen zu beweisen. Er habe ein gutes Gefühl und hoffe, stark und elastisch genug zu bleiben, um allen Betroffenen – als wäre er keiner – über den Berg helfen zu können.

Im Winter 1932 reisten Ise und Gropius nach Arosa zum Skilaufen. Die friedliche Atmosphäre gefiel ihnen so gut, dass sie beschlossen, in dem hochgelegenen Kurort künftig gemeinsam den Winterurlaub zu verbringen, auch wenn die Geldmittel nach wie vor knapp bemessen waren. Da Gropius sich aber nicht immer von der Arbeit frei machen konnte, wollte Ise, die die Beziehung zu Bayer nicht abgebrochen hatte, den nächsten Skiurlaub mit ihm genießen. Sie fand, dass ihre Rolle als Frau an der Seite des berühmten Mannes die Liebesbeziehung zu dem jungen Geliebten nicht auszuschließen brauchte, und bat um die Erlaubnis, für vier Wochen mit Bayer nach Arosa verreisen zu dürfen. Gropius, dem nicht viel anderes übrig blieb, stimmte zu, beschränkte die Dauer des Aufenthalts aber auf vierzehn Tage.

1933 war nicht nur politisch, sondern auch privat ein trübes Jahr für den nun fünfzigjährigen Gropius. Die Mutter, die ihm in den Krisenzeiten seines Lebens immer mit Rat und Tat zur Seite gestanden war, starb.

Ise hielt an der Beziehung zu Herbert Bayer fest, es drohte eine dauerhafte Dreiecksbeziehung oder die endgültige Trennung. Tochter Manon wurde von Alma nach wie vor von ihm ferngehalten; wenn er sie sehen wollte, musste er nach Wien reisen und sich mit Alma auseinandersetzen. Doch noch funktionierte der alte Bauhaus-Freundeskreis. Ende des Jahres trafen sie sich zum Skiurlaub in einer einfachen Hütte am Rand des Riesengebirges: Ise, Gropius, Schawinsky, Breuer und Bayer. Der Aufenthalt verlief friedlich und dank Schawinskys heiterem Naturell recht fröhlich. Noch wussten sie nicht, dass der Freundschaftsbund angesichts der politischen Lage vor der Zerreißprobe stand.

Ihre Wege begannen sich räumlich zu trennen. Der jüdischstämmige Schweizer Schawinsky ging nach der Machtübernahme durch die Nationalsozialisten nach Mailand und arbeitete als Grafikdesigner freiberuflich für das Studio Boggeri. Der ebenfalls jüdischstämmige Ungar Breuer ließ sich in Budapest nieder und tat sich dort mit früheren Bauhaus-Kollegen zusammen. Offensichtlich ganz erfolgreich, denn er schlug im April 1934 Gropius und Ise eine gemeinsame Reise nach Griechenland vor. Als Ise ablehnte, sie hätten kein Geld, außerdem könne man nicht mehr durch Österreich reisen, meinte Breuer, dass es immer einen Weg gebe und das Leben im Süden billiger sei als in Berlin. Er wolle ihnen die Reise schenken, da er gerade ganz gut bei Kasse sei, sie solle aber nicht denken, er befinde sich in guter Verfassung. Ein Nebel liege über allem, der nächste Krieg drohe, die Blödheit dominiere, die unausgeführten Ideen und Projekte wirkten wie Gift auf sein Inneres. Die Reise kam nicht zustande.

Ise selbst begann nun wieder, vielleicht um finanziell unabhängiger zu werden oder einen kleinen Beitrag zu den immer prekärer werdenden Familienfinanzen zu leisten, sich unter eigenem Namen als Publizistin zu betätigen. Sie schrieb flotte Reisebeschreibungen und launige Momentaufnahmen des Alltags und versuchte sie bei den großen deutschsprachigen Zeitungen und Zeitschriften unterzubringen – mit wenig Erfolg. Ende 1933 erschien in der Familienzeitschrift *Beyers für alle* der Artikel

»Engländer zu hause«, 1934 in *Westermanns Monatsheften* »Ungarische Hirten- und Bauerntrachten« und in der *Deutschen Allgemeinen Zeitung* die »Weltreise am Grammofon« sowie »Hausfrau, Dackel und andere Weltbürger«. Von den wenigen Artikeln, die sie schrieb, wurden nur wenige publiziert, und keiner in der Zeitschrift *die neue linie*, zu deren Redaktion Moholy-Nagy und Bayer beste Beziehungen unterhielten und für die sowohl Gropius als auch Breuer schon geschrieben hatten. Blieb Ise zum Schreiben zu wenig Zeit? War sie zu sehr von Mann und Liebhaber, von häuslichen und gesellschaftlichen Aufgaben abgelenkt? Waren ihre Artikel nicht gut genug? Waren sie zwar gut, die Zeit aber inzwischen politisch und wirtschaftlich so schwierig, dass nicht einmal mehr ihr bekannter Name zog? Welches auch immer die Gründe gewesen sein mögen, die weitere Entwicklung sollte ihren Ausflug in die Journalistik abrupt beenden.

26

Nach der Machtübernahme versuchte Gropius zunächst, sich mit dem neuen Regime zu arrangieren. Er trat der Reichskulturkammer bei und suchte den für ihn zuständigen Präsidenten auf. Er versicherte, ein loyaler Staatsbürger zu sein, durch und durch deutsch und preußisch. Nie habe er sich politisch betätigt, auch keiner Partei angehört, sondern immer nur der Sache des kulturellen Fortschritts gedient. Er stehe jederzeit zur Verfügung, um vor einem unparteiischen Gremium die gegen ihn und das Bauhaus vorgebrachten Verleumdungen zu entkräften.

Doch sein Wille zur Anpassung wurde nicht belohnt. Nach einigen misslungenen Versuchen bei Wettbewerbsverfahren musste Gropius erkennen, dass für ihn als Vorreiter des Neuen Bauens im nationalsozialistischen Deutschland keine größeren Aufträge zu erwarten waren. So streckte er über alte Bauhaus-Kontakte seine Fühler nach Großbritannien und in die Vereinigten Staaten aus. Er stand im Briefwechsel mit dem Herausgeber des *Architectural Record* und dem Rektor der New Yorker Columbia University und hielt im Mai 1934 im Rahmen einer Ausstellung seiner Arbeiten im Royal Institute of British Architects in London einige Vorträge.

Als die Tochter Manon an Kinderlähmung erkrankte, gelang es ihm, im Juni 1934 noch einmal nach Wien zu kommen, obwohl Auslandsreisen aufgrund der neuen Passbestimmungen und Devisenbeschränkungen schwierig geworden waren. Er musste 1000 Mark als Sicherheit hinterlegen und durfte nur 10 Mark in Devisen mitnehmen. Der Betrag wurde in den Pass eingetragen. Als Gropius die Tochter krank, die Ärzte aber zuversichtlich fand, kehrte er beruhigt nach Berlin zurück.

Gropius wusste, dass bald etwas geschehen musste, denn er hatte kaum noch Verdienstmöglichkeiten. Als er das Angebot erhielt, mit einem britischen Kollegen in London einen größeren Wohnblock zu bauen, beschloss er daher mit Ise, Deutschland vorerst zu verlassen. Sie reisten Anfang Oktober 1934 mit offizieller Genehmigung der Reichskulturkammer nach Rom, um an einem Theaterkongress teilzunehmen, und von hier aus weiter nach London. Er habe, so teilte Gropius der Reichskulturkammer nachträglich mit, in London einen lukrativen Auftrag erhalten und müsse sich für einige Monate dort niederlassen. Er behalte sein Büro und seine Wohnung in Berlin bei, da es sich um ein zeitlich begrenztes Projekt handle. Die Reichskulturkammer genehmigte den Auslandsaufenthalt mit einer Befristung auf den 30. April 1935.

Da Ise und Gropius Deutschland nur mit den wenigen erlaubten Devisen verlassen und per Banküberweisung nur ein Guthaben von umgerechnet 300 Mark in Lira nach Italien transferieren konnten, war ihre Barschaft in London schnell verbraucht. Gropius musste sich, der versprochene Auftrag und das in Aussicht stehende Honorar ließen auf sich warten, nach zusätzlichen Arbeitsmöglichkeiten umsehen und, um dies tun zu können, möglichst schnell Englisch lernen. Er nahm Privatunterricht, allerdings mit bescheidenem Erfolg, wie die sprachbegabte Ise Marcel Breuer nach Budapest berichtete: »Walter paukt jeden Tag Englisch und ist über das Stadium ›Notzing witz plimautz‹ etwas hinausgekommen.«[125]

Ise und Gropius lebten sich in London schnell ein und erhielten viel Post aus der Heimat. Der Fabrikant Max Friedländer bat Gropius herauszufinden, ob seine Bauprodukte für den englischen Markt geeignet seien. Gropius schrieb an den Rand des Briefes: Er werde liebenswürdig darauf eingehen; Juden seien dankbar. Seinem alten Mäzen Adolf Sommerfeld, der einen dringenden Hilferuf aus Palästina schickte, ließ Gropius neben Glückwünschen zu seiner Rettung fünf Pfund zukommen. Viel mehr könne er nicht für ihn tun, denn auch in England sei durch die Wirtschaftskrise das Baugeschäft ins Stocken geraten; zudem seien Auftraggeber für Bauten im neuen Stil eher dünn gesät.

Ihre Hoffnung, in England die quälende Geldnot überwinden zu können, erfüllte sich für Ise und Gropius nicht. Der Verkauf des Sommerhauses am Timmendorfer Strand wurde beschlossen und durch den Schwager Max Burchard ausgeführt. Es wurde von einer Frau Waldschmidt erworben und als »Pension Gropius« inseriert, was den Bekanntheitsgrad des ehemaligen Bauhausdirektors dokumentiert. Der Erlös konnte auf Umwegen über die Niederlande nach London transferiert werden.

Da ihre bedrängte Lage nicht unbemerkt blieb, erhielten Ise und Gropius hin und wieder großzügige Geldgeschenke englischer Freunde. Wohnen durften sie mietfrei in einer kleinen Wohnung in den erst 1934 fertiggestellten Lawn Road Flats, einem luxuriösen Wohnkomplex im Stil des Neuen Bauens in Hampstead. Zwar war für Ise und Gropius das Leben ohne Köchin und Hausmädchen ungewohnt, doch zu meistern, da die Mahlzeiten aus der hauseigenen Gemeinschaftsküche geliefert und Reinigung, Bettenmachen und Schuhputzen als Dienstleistung angeboten wurden.

Doch die materiellen Sorgen mögen für Ise, die Gropius nach London gefolgt war, weniger schmerzlich gewesen sein als die Trennung von Bayer. Denn der Entschluss – ob aus Pflichtgefühl gegenüber Gropius und der Bauhausidee oder Einsicht in die Unbeständigkeit Bayers, ob allein oder gemeinsam mit ihm getroffen – bedeutete nicht nur das vorläufige, sondern das unwiderrufliche Ende der langjährigen Liebesbeziehung, woran sie, wie sie Breuer gestand, mehr als befürchtet laboriere: »Bei mir ist alles purste Legalität, trotzdem oder weil mein altes Leiden noch keineswegs auskuriert ist.«[126]

Der April 1935 führte Ise und Gropius noch einmal nach Deutschland. Zunächst nach Hannover zu Schwester Manon und Schwager Max Burchard, dann nach Berlin, wo sie die große Wohnung auflösten, eine kleinere bezogen und die überzähligen Möbel einlagerten. Anfang Mai kehrten sie nach London zurück, erleichtert, die zunehmend aggressive Atmosphäre, die sie in Deutschland gespürt hatten, hinter sich lassen zu können.

Am 22. Mai 1935 starb, für Gropius unerwartet, Manon. Alma setzte ihn per Telegramm vom Tod der gemeinsamen Tochter in Kenntnis und überließ die Schilderung der näheren Umstände einem Freund des Hauses. Dieser warf – vielleicht im Auftrag Almas – Gropius vor, sich nicht in das nächste Flugzeug gesetzt zu haben, um Manon noch einmal zu sehen. Ein etwas weltfremder Gedanke, denn es war für einen in London lebenden deutschen Staatsbürger so gut wie unmöglich, kurzfristig die bürokratischen Hürden, die einer Reise nach Wien im Weg standen, zu überwinden.

Im Sommer erkrankte Ise schwer und brauchte Monate der Pflege und Ruhe, um sich zu erholen. Auch Bayer hatte aus Berlin nicht viel Erfreuliches zu berichten. »Auch ich war krank ..., und überhaupt war der Teufel losgelassen. Ich trauere den letzten vier Wochen nicht nach. Es gäbe so viel zu erzählen.«[127]

Breuer, noch immer in Budapest, hielt die »Insulaner« mit Nachrichten vom alten Kontinent auf dem Laufenden. Er berichtete Ise, vielleicht um sie aufzumuntern, von ihrer Schwester Ellen. Man sehe sie plötzlich überall – in einer Filmvoranzeige, schwarz-weiß, dann farbig, als Carmen aufgetakelt. Er fühle sich von den berühmten Frankschen Augen geradezu verfolgt. Außerdem habe er, wie er schamvoll gestehen müsse, Ises Foto im Strandpyjama über seinem Zeichentisch aufgehängt und damit schon viele neidvolle Blicke geerntet.

Ise hielt noch immer ihre Hand über Breuer. Sie sorgte für die Übersetzung der Fachartikel, die er nach Amerika schicken wollte, kürzte einen Vortrag für Budapest und tippte ihn eigenhändig sauber ab. Breuer dankte der platonischen Freundin für ihre geradezu rührende Aufopferung: »Früher ging Liebe durch den Magen, heute durch getipptes Wort.«[128]

Nebenbei ließ Breuer Ise wissen, dass er ebenfalls nach England umsiedeln wolle. Er lerne bereits Englisch, stecke allerdings erst in den Anfängen und beschäftige sich vor allem mit der Frage, wie das ohne Mühe zu schaffen sei. Er wolle Budapest aber nur verlassen, wenn eine nicht zu kleine Aufgabe auf ihn warte.

Ise und Gropius taten, was möglich und nötig war, und so konnte Breuer die Freunde bereits im Juni 1935 in London begrüßen. Er traf hier auf Moholy-Nagy, der Berlin bereits im Mai verlassen hatte. Beide wohnte wie Ise und Gropius in den Lawn Road Flats in Hampstead. Schawinsky, damals noch in Mailand, schrieb Ise, er gäbe viel darum, die beiden nicht sehr Sprachbegabten miteinander Englisch parlieren zu hören.

Herbert Bayer blieb in Berlin. Er arbeitete nach wie vor für das Studio Dorland, gestaltete weiter *die neue linie*, deren Januar-Ausgabe 1938 das Porträt Mussolinis zeigte. Bayer war in diesen Jahren einer der bestbezahlten Grafiker des Dritten Reiches, von den neuen Machthabern nicht nur geduldet, sondern hofiert. Ise nannte ihn einmal in einem Brief an Breuer ironisch den »Star des Propagandaministeriums«.

Bayer selbst hatte bei der Zusammenarbeit keine Skrupel und ist ein gutes Beispiel für das, was Ludwig Marcuse die »unwahrscheinliche

Rückgratlosigkeit der talentiertesten deutschen Gelehrten und Künstler« nannte, die 1933 zum Vorschein gekommen sei,[129] als sie sich für das Regime einspannen ließen. Bayers Kollaboration ging sehr weit. Er gestaltete das Werbeheft für die Berliner Hygieneausstellung *Das Wunder des Lebens*, welche die Rassentheorie der Nazis propagierte, und arbeitete an der Großausstellung *Deutsches Volk, deutsche Arbeit* mit.

Wenn überhaupt geübt, war Bayers Kritik an den Machthabern unpolitisch und bezog sich vor allem auf ästhetische Fragen und den kulturellen Aderlass aufgrund von Verfolgung und Vertreibung avantgardistischer Künstler. Ansonsten führte Bayer ein flottes Leben, mit amourösen Eskapaden, Bergtouren und Segelausflügen. »Mein Leben in Berlin die ganzen Jahre bis 1938 ist regelmäßig und fast bürgerlich. Bin offiziell als entarteter Maler bezeichnet, kann aber ungehindert meine Arbeit tun. Immer sehr beschäftigt, ab und zu Ausstellungsarbeiten, sonst Plakate, Inserate etc. aber zuletzt wird alles uninteressant und unproblematisch. Das allgemeine niedrige von Hitler diktierte Niveau drückt auch auf meine Arbeit.«[130]

Anfang Januar 1936 starb Ises Schwester Hertha. Ihre elfjährige Tochter Beate Eveline, genannt Ati, wurde von Ise und Gropius nach London geholt und einige Jahre später adoptiert.

27

Da es in England immer weniger für ihn zu tun gab und er nicht nach Deutschland zurückkehren wollte, die Auftragslage für Vertreter des Neuen Bauens hatte sich nicht gebessert, intensivierte Gropius seine Kontakte in die Vereinigten Staaten. Die Beziehung zum Dekan der Graduate School of Design der Harvard University führte schließlich zu seiner Berufung zum 1. April 1937. Sie erfolgte zu seinen Bedingungen: Neben der Lehrtätigkeit wurde ihm die freie Berufsausübung als Architekt zugestanden.

Ise und Gropius kamen diesmal, da es für immer sein sollte, mit ihrem ganzen Besitz, den sie dank behutsamer Verhandlungen mit den NS-Behörden ohne Probleme aus Deutschland transferieren konnten. Gropius betonte gegenüber der Reichskulturkammer, dass er, ein Deutscher, in Harvard immerhin einen Franzosen von Rang ablöse und sich wie bisher auch in Zukunft dem Vaterland gegenüber loyal verhalten werde. Er sehe den Posten in Harvard als eine hervorragende Möglichkeit, dem guten Ruf der deutschen Kultur im Ausland zu dienen.

Die Nachricht von ihrer Übersiedelung ins gelobte Land verbreitete sich unter Kollegen, Bekannten und Freunden wie ein Lauffeuer, und sie erhielten wieder einmal viel Post aus der alten Heimat. Bayer, der als Einziger der Freunde noch in Deutschland weilte, schrieb wehmütig, dass er sich in Berlin sehr vereinsamt fühle, sich aber nicht so recht traue, den gut dotierten Posten bei Dorland aufzugeben; ob sie ihm nicht einen Auftrag in Amerika vermitteln könnten? »Wer weiß, wie diese Harvard-Universität ausschaut und wie ihr da wohnt. Ein ganz unangenehmes Gefühl habe ich in der Haut bei der Vorstellung einer solchen Veränderung. Ich glaube, das ist Faulheit, nicht nur Bodenständigkeit, denn der Boden hier ist nicht heiß geliebt von mir … Es ist eine öde Perspektive.«[131]

Da Bayer nicht bereit war, auf gut Glück in die USA zu übersiedeln, und sich nicht so leicht ein größerer Auftrag oder eine sichere Stelle beschaffen ließ, musste er vorerst in Deutschland bleiben. Breuer dagegen schlug Ise und Gropius vor, sofort zu kommen, auch wenn diesmal keine Vorkehrungen getroffen worden und keine Verträge in Sicht seien.

Das Jahr 1938 sollte die alten Freunde in den Vereinigten Staaten erneut vereinen. Moholy-Nagy und Schawinsky waren schon im Land:

Schawinsky lehrte seit 1936 am Black Mountain College in North Carolina, und Moholy-Nagy verhandelte über die Leitung einer neu zu gründenden Designschule in Chicago, des *New Bauhaus*. Breuer, der für Gropius bei den zu erwartenden privaten Bauaufträgen unverzichtbar war, wurde als Research Associate nach Harvard berufen und kam im Januar. Bayer, der zum Kurator für eine große Bauhaus-Ausstellung im Museum of Modern Art ernannt worden war und dem Moholy-Nagy eine Dozentenstelle in Chicago in Aussicht gestellt hatte, kam im August. Irene, für die es als Jüdin höchste Zeit war, Berlin zu verlassen, folgte mit der Tochter einige Monate später, nachdem sie für die Verpackung und Verschiffung des Hab und Guts gesorgt hatte, vor allem der Zeichnungen und Gemälde, die Bayer den Berufsstart in den Staaten erleichtern sollten. Sie lebte auch in den USA von Bayer getrennt und ließ sich erst 1944 – siebzehn Jahre nach der Trennung – von ihm scheiden. Während Bayer schnell Arbeit und Stellung als Werbegrafiker fand, gab Irene die Fotografie, die sie nach ihrer Zeit am Bauhaus nicht mehr sehr intensiv betrieben hatte, auf und begann als Übersetzerin zu arbeiten.

Das Glück blieb Gropius treu. Mrs. James Storrow, eine reiche, kunstinteressierte Nachbarin in Lincoln, wo er mit Ise in einem kleinen Haus aus der Kolonialzeit zur Miete wohnte, schenkte ihm im Herbst 1937 ein großes Grundstück und ausreichend Geld für ein eigenes Domizil. Es war mit seinem flachen Dach, dem offenen Grundriss und den großen Fensterflächen als eine Art Musterbeispiel moderner Bauprinzipien gedacht und schon das zweite Haus, das Gropius auf fremde Kosten für sich bauen konnte. Ein Jahr später zog die Familie ein, und auch für Breuer wurde gesorgt. Er erhielt in unmittelbarer Nachbarschaft ebenfalls eine von der großzügigen Mäzenin finanzierte Villa. Als Gropius dann noch ein Reitpferd geschenkt bekam, war das Leben perfekt – fast perfekt, denn das Gehalt, das Harvard ihm zahlte, reichte wieder einmal nicht aus, und neue Schulden häuften sich an. Ihr Leben, so

Ise in einem Brief an Joella, die Frau, die Bayer nach seiner Scheidung von Irene 1944 heiraten sollte, wäre glücklich, »if we only had enough money!«[132]

Bayers Bauhaus-Ausstellung, die 1938 im Museum of Modern Art in New York gezeigt wurde, war nicht unumstritten. Die einen bemängelten, dass sie sich auf die Zeit unter Gropius beschränkte. Die anderen liefen Sturm, da sie das Bauhaus für eine »jüdisch-bolschewistische Angelegenheit« hielten. Als der Direktor des Museums diesen Vorwurf schriftlich dementieren wollte, lehnte Gropius ab. Er lege zwar Wert darauf festzustellen, dass die Ziele der Lehranstalt unpolitisch und in der Lehrerschaft des Bauhauses zu seiner Zeit nur ein Jude vertreten gewesen sei, wolle aber nicht, dass dies schriftlich thematisiert, sondern vielmehr von der Museumsleitung mündlich dem einen oder anderen Reporter vertraulich mitgeteilt werde.

Ise, die am Katalog zur Ausstellung nicht unwesentlich beteiligt war, setzte zum ersten Mal durch, dass ihr Name gleichberechtigt neben dem ihres Mannes und dem Herbert Bayers als Autorin und Herausgeberin genannt wurde. Ansonsten aber führte sie nach dem Umzug ins eigene Haus wohl zum ersten Mal eine Art von Hausfrauendasein, das sie bislang nur vom Hörensagen kannte. Mann, Tochter und die vielen Besucher wollten beköstigt, das Haus musste geputzt und all das Obst und Gemüse, das sie selbst anbauten, geerntet und eingemacht werden. Zwar hielt sie hin und wieder in Cambridge einen Vortrag über funktionalistische Architektur, um ein bisschen Extrageld zu verdienen, wie sie Joella schrieb, aber weitere berufliche Aktivitäten würden durch die Zeitnot und den Krieg verhindert. »Wenn der Krieg nicht gekommen wäre, hätte ich, auf dem Rücken dieses anpassungsfähigen Vortrags reitend, die USA erkundet und zugleich das Evangelium verbreitet.«[133]

28

Dies könnte nun das Ende der Geschichte sein: Der Meister entschwebt aus Furcht und Elend des Dritten Reiches, die Frauen, verortet an ihrem alten oder neuen Platz, sehen sich am Ende ihrer Wünsche und Möglichkeiten. Wenn, ja wenn uns nicht die Neugier triebe, zu sehen, was aus ihnen im weiteren Verlauf der Geschichte geworden ist.

Alma blieb trotz immer wiederkehrender heftiger Zweifel bei Franz Werfel, das Alter mag sie an weiteren Eroberungen gehindert haben. Sie heiratete ihn 1929 nach zehnjähriger »wilder Ehe«. Davor sorgte sie mit strenger Hand für seine Entwicklung zum erfolgreichen Autor. Sie arrangierte, dirigierte, motivierte, kritisierte. Seine Werke, so sagte sie ihm immer wieder, müssten so gut wie Klassiker, aber auch zum Verkauf an den Kiosken geeignet sein. Um Werfel, der sich als formbar erwies, zum Arbeiten anzuhalten, schickte sie ihn, der die Geselligkeit der Kaffeehäuser liebte, in die Einsamkeit des Breitenstein – für Werfel vielleicht nicht immer Verbannung, sondern auch Erlösung, denn Almas Alkoholkonsum und ihre endlosen antisemitischen Tiraden machten ihm wohl das Leben bisweilen schwer.

In den 1930er Jahren – kaum verwunderlich – schwärmte Alma für Hitler, zog die österreichischen Faschisten in ihren Salon und begann eine Liebschaft mit dem Ordenspriester und Theologieprofessor Johannes Hollnsteiner, der in Hitler eine Art neuen Luther sah. Das Ehepaar Werfel hatte sich nicht mehr viel zu sagen und sah sich nur selten. Nach dem »Anschluss« Österreichs begleitete Alma Werfel zwar ins Exil nach Sanary-sur-Mer in Südfrankreich, dachte aber häufig daran, sich scheiden zu lassen und nach Wien zurückzukehren. Doch wieder einmal konnte sie sich nicht recht entscheiden, bis es zu spät war, und so überquerte sie 1940 mit Werfel zu Fuß die Pyrenäen, erreichte Portugal und reiste an Bord eines griechischen Dampfers in die USA.

Noch im selben Jahr publizierte Alma *Gustav Mahler. Erinnerungen und Briefe*, eine Arbeit, die sich gut verkaufte, ihr aber auch viel Kritik einbrachte, da sie die Briefe nach Gutdünken gekürzt und neu zusammengefügt hatte. Alle Klagen Mahlers über Almas problematischen Charakter und ihre ständige Unzufriedenheit waren gestrichen, nur die Liebeselogen gedruckt worden. Werfels neuer Roman *Das Lied von Bernadette* wurde ein Bestseller und in Hollywood verfilmt. Er sicherte dem Paar in den Vereinigten Staaten einmal mehr ein üppiges Leben mit kalifornischer Villa, Kammerdiener und Leibarzt.

Als Werfel 1945 mit nur 54 Jahren in Beverly Hills an einem Herzinfarkt starb, blieb Alma recht einsam zurück. Zu ihrem siebzigsten Geburtstag 1949 schickte Walter Gropius einen freundlichen Gruß: »Vergangenheit und Gegenwart berühren sich! Innigstes Gedenken!«[134]

Neun Jahre später, als ihre Memoiren *And the Bridge is Love* erschienen, bei denen es Alma mit der Wahrheit wieder einmal nicht sehr genau nahm, war es mit dem innigen Gedenken allerdings vorbei. Alma hatte die Angelegenheit Gropius kurz auf zwei Seiten abgehandelt und als unbedeutenden Flirt dargestellt. Er schrieb ihr ein nun wirklich allerletztes Mal: »Die Liebesgeschichte, die Du in Deinem Buch mit meinem Namen verbindest, war nicht die unsrige. Das Andenken an Mutzi sollte Dich davor bewahrt haben, unser Erlebnis seines wesentlichen Inhalts zu entkleiden und seine literarische Preisgabe muss nun auch in mir die Blüten der Erinnerung töten. Der Rest ist Schweigen.«[135]

Als Alma erkannte, wie sehr sie Gropius verletzt hatte, bat sie um Verzeihung, doch Gropius blieb unversöhnlich. In der deutschen Ausgabe von 1960 ließ sie den Herausgeber im Vorwort betonen: Wenn in dem Buch wenig über Almas Ehe mit Gropius stehe, dürfe daraus nicht geschlossen werden, dass sie von geringer Bedeutung gewesen sei. Doch diese Ehe sei für Alma durch den frühen Tod der gemeinsamen Tochter so von Tragik umwittert, dass es ihr schwerfalle, darüber zu schreiben. Alma starb 1964 in New York.

29

Lily Hildebrandt blieb bis 1933 künstlerisch und journalistisch tätig. Sie schrieb für das *Stuttgarter Neue Tagblatt* und für *Gesellschaft und Leben. Zeitschrift für Kunst und Kultur, Mode und Sport*, machte Fotoreportagen aus Stuttgarter Künstlerkreisen und zeichnete ihre Fotos mit »Frau Prof. Hildebrandt«. Sie stellte, wie Presseberichte verraten, auf der Herbstschau der Gruppe 1929 und auf der Stuttgarter Sezession 1932 einige ihrer Hinterglasbilder aus.

Doch 1934 war für sie als Jüdin alles vorbei. Das Schriftleitergesetz schloss sie von journalistischer Arbeit aus. Das Reichskulturkammergesetz bedeutete das Ausstellungsverbot für ihre Bilder. Gropius, dem sie brieflich ihr Leid klagte, bot ihr an, sich für die Präsentation ihrer Arbeiten in England einzusetzen. Da jedoch nur ein Bild verkauft wurde und sie für sich selbst nur noch wenig Möglichkeiten sah, bat sie um Hilfe für ihren Mann, von dem sie nun vollständig abhängig war. Es wäre hilfreich, wenn er Hans Hildebrandt eine Einladung nach La Sarraz, wo die Kongresse für moderne Architektur stattfänden, verschaffen würde, damit er dort einflussreiche Architekten und Künstler kennenlernen und vielleicht einen Ruf ins Ausland erhalten könnte.

Als Lily von Gropius' Berufung nach Harvard hörte, fragte sie an, ob er nicht eine Möglichkeit sehe, ihren Mann, dem gerade die Lehrbefugnis entzogen worden sei, zu Vorträgen in die Staaten einladen zu lassen. Gropius antwortete: »Es wäre sehr schön, wenn Dein Mann herüberkommen könnte, und ich will gerne versuchen, dabei behilflich zu sein, Vorträge für ihn zu arrangieren. Dafür muss ich aber einige Unterlagen haben … Erwartet aber bitte nicht zu viel, denn es ist ein derartiger Andrang gerade von deutscher Seite, dass das Interesse hier abzuebben beginnt und man infolgedessen vorsichtig vorgehen muss.«[136]

Als es Gropius gelang, genügend Vorträge zu organisieren, konnten sich Lily und Hans Hildebrandt doch nicht entschließen, die Heimat zu verlassen. Hildebrandt arbeitete seit kurzem neben Willi Baumeister und Oskar Schlemmer, die beide vom Ausstellungsverbot betroffen waren, in der Fabrik des Wuppertaler Lackfabrikanten Kurt Herberts und hoffte, irgendwie durchzukommen. Erst als die Lage ein Jahr später schwieriger und die Aussichten schlechter wurden, bat Hildebrandt selbst Gropius erneut um Hilfe. Die Antwort fiel diesmal entmutigend aus: »Ich sehe ein, dass etwas geschehen muss, und will tun, was ich kann. Im vorigen Jahr war es ja noch viel leichter. Schade, dass Sie das abbrachen. Ich habe an dieselbe Stelle wegen Vorträgen geschrieben und werde Sie sofort wissen lassen, wenn irgend etwas eintrifft. Aber sie müssen sich klar sein, dass ähnliche Fälle jetzt derartig zahlreich sind, dass die Chancen sehr zurückgegangen sind.«[137]

Da sich eine neue Gelegenheit nicht mehr ergab, musste Lily mit Hans Hildebrandt in Stuttgart ausharren. Sie war vor Deportation und Vernichtung einigermaßen geschützt, da sie mit einem arischen Mann verheiratet war und laut Abstammungsnachweis vom 22. April 1939 als »jüdischer Mischling Ersten Grades« anerkannt wurde. Es war ihr gelungen, die Behörden glauben zu machen, dass nicht Sebastian Uhlmann ihr biologischer Vater sei, sondern Alfred Romang, mit dem ihre Mutter Betty vor ihrer Geburt liiert gewesen sei. Das erb- und rassekundliche Gutachten unterstützte ihre Behauptung. »Das Vorkommen deutlicher westischer Züge beim Prüfling ließe an die Erzeugerschaft eines deutschblütigen Mannes westischer Rasse denken. Hierdurch gewinne die Annahme einer Erzeugerschaft des Franzosen Alfred Romang indirekt an Wahrscheinlichkeit.«[138]

Die beiden erlebten schwere Jahre. Hans Hildebrandt, nun Alleinverdiener, arbeitete weiter für die Lackfabrik, hielt Vorträge über Wandmalerei und publizierte unter fremdem Namen. Sohn Rainer geriet wegen kritischer Äußerungen über das Regime für über ein Jahr in Untersuchungshaft, wie Lily dem Freund Bruno Adler nach dem Krieg berichtete. Sie hätten für den Prozess des Sohnes einen Teil ihres Vermögens opfern müssen und sehr viel durchgemacht, was der Grund sei für ihre schlechte gesundheitliche Verfassung. »Ich wünsche mir sehnlich, wieder arbeiten zu können, bin aber in den Nerven noch zu erschöpft, um heute bereits neu produzieren zu können.«[139]

Lily sollte ihre Spannkraft nicht wiedererlangen und ihre Arbeit als Malerin, die sie 1940 eingestellt hatte, nie wieder aufnehmen. Warum, wissen wir nicht; auch Sohn Rainer fand keine Erklärung. Offensichtlich war die Erschöpfung zu groß, hatten Angst und Leid ihr jede Kraft und Zuversicht genommen.

Als ein Jahr nach Kriegsende der Postverkehr wieder funktionierte, ließ Lily Gropius wissen: Irgendwie hätten sie alles überstanden, auch den Krieg, von dessen Entsetzlichkeit er sich von Amerika aus keine Vorstellung machen könne. Sie hätten sogar bei dem schweren Luftangriff im Oktober 1943 ihre Wohnung, wenn auch beschädigt, und ihre Kunstschätze retten können. Ihr Mann sei auf seinen Lehrstuhl zurückgekehrt und bereits wieder bei der Arbeit. Er ordne den Nachlass des viel zu früh verstorbenen Schlemmer.

Gropius antwortete kurz und auf Englisch. Er freue sich, dass sie lebten und wieder tätig seien. Er habe ein Lebensmittelpaket geschickt, das ihnen von Dänemark aus zugehen werde.

Einige Jahre später trafen sich die Ehepaare anlässlich einer Reise, die Ise und Gropius durch halb Europa führte, für eine Stunde in Stuttgart. Wie sehr Lily angesichts des international gefragten Gropius und der noch immer attraktiven Ise den Kontrast zu ihrem eigenen engen Leben in der schwäbischen Metropole empfunden haben mag, zeigt die Bewunderung, die aus all ihren Briefen der folgenden Jahre spricht.

Nach dem Tod ihres Mannes 1957 fühlte sich Lily recht einsam, wie sie dem einstigen Geliebten gestand: »Deine Briefe gehören zu den wenigen Lichtblicken, die mir beschieden sind, da ich, seit mein Lebensgefährte nicht mehr am Leben ist und mein Herz leider auch schlecht ist, oft sehr depressiv bin. Aber vielleicht wird dies jetzt im Frühjahr wieder besser werden.«[140]

Was Lily an Kraft noch besaß, steckte sie bis zu ihrem Tod 1974 in den Nachlass ihres Mannes und in die Hilfe beim Aufbau des Berliner Bauhaus-Archivs.

30

Maria Benemann war bereits 1924 vom Semmering nach Deutschland zurückgekehrt und hatte weiter im Stillen an ihrer künstlerischen Entwicklung gearbeitet, ohne an eine Vollendung oder gar Veröffentlichung ihrer Werke zu denken. Hin und wieder hatte die Schillerstiftung ein neues Gesuch mit der Bitte um schnelle Hilfe erreicht. Im April 1927 bat sie erneut, diesmal aber um eine »Hilfsmöglichkeit in wirklich durchgreifendem Maße«. Als Generalsekretär Lilienfein die inzwischen üblichen hundert Mark genehmigte, reagierte Maria empört. Seine Antwort treffe sie wie ein Schlag. Ihr scheine, dass die Satzungen der Stiftung auf einer ungenügenden Grundlage beruhten, da die Schwierigkeit jedes unbekannten, noch ringenden Autors doch sei, in der Zeit des Werdens gesichert leben zu können. Hundert Mark wirkten auf sie wie eine Verhöhnung. »Ich bitte Sie, in allem Ernst mit einer ganz anderen Schärfe meine Sache nochmals zu vertreten. Ich bin nicht der Mensch, der ohne Wissen, dass er diese Hilfe durchaus rechtfertigt und in Talent umsetzt, um sie bittet.«[141]

Lilienfein verbat sich diesen Ton. Wenn er ihr überhaupt antworte, dann nur, weil sie in offenbarer Erregung sich der Tragweite ihrer Worte wohl nicht bewusst gewesen sei. Die Aufgabe der Stiftung bestehe nicht darin, unbekannte Autoren zu unterstützen, sondern Schriftstellern und

Schriftstellerinnen, die bereits verdienstvoll gewirkt hätten, in Notlagen zu helfen.

Bei der Schillerstiftung kehrte nun erst einmal Ruhe ein. Maria verliebte sich in den Komponisten und Dirigenten Gerhard von Keussler, den sie hinsichtlich einer musikalischen Laufbahn des Sohnes um Rat fragte. Ein Brief von 1927 spricht von ihrer Sehnsucht und Bereitschaft, Neues zu lernen und zu erproben. »An Deine Brust hätte ich mich in diesen Tagen in tiefster Sehnsucht gern gebettet. Ich möchte mit meinem ganzen Leben Ernst machen und anfangen zu lernen. Ich muss bald in Dein Leben hineinwachsen, weil jede einsame Stunde in Dir mir wie eine Verantwortung vor dem Urleben oder Gott selbst schon vorkommt.«[142]

Keusslers Briefe dagegen klingen, soweit erhalten, kurz und sachlich, wie zwischen Tür und Angel geschrieben. Er vertonte zwar ein Requiem, das Maria für ihren toten Mann vor Jahren geschrieben hatte, war ansonsten aber wohl wie Gropius vom Typ Wanderstern, überall und nirgends zu finden. Er sei ihr durch die Jahre ein treuer Berater gewesen, schrieb Maria in den späten Erinnerungen, wenn auch sehr aus der Ferne.

Ab dem Frühjahr 1932 gingen bei der Schillerstiftung im halbjährlichen Abstand neue, dringende Hilferufe ein, und Lilienfein schickte einmal fünfzig, einmal hundert Mark aus der Notstandskasse, bis er schließlich jede weitere Hilfe verweigerte. Die Reihe der Bittgesuche brach erneut ab, um im August 1943 wieder einzusetzen.

Maria schrieb nun aus Mühlau bei Innsbruck, wohin sie gezogen war, um ihrer Tochter bei der Erziehung der Kinder zu helfen. Sie verfüge nur über eine kleine Kriegswitwenrente und könne es ihren erwachsenen Kindern, die selbst um ihre Existenz zu kämpfen hätten, nicht zumuten, sie zu unterstützen. Ihr Sohn, von zarter Gesundheit, leide seit Jahren an Magen- und Darmkrämpfen nervöser Art und sei durch die Sorge um sie erst kürzlich zusammengebrochen. Ihre Tochter betreibe eine kleine Fremdenpension, um sich und die vier Kinder zu ernähren, und brauche dringend den Raum, den sie bewohne. Es falle ihr schwer, die persönlichsten Dinge vor fremden Menschen offenzulegen, und sie bitte, ihr Anliegen vertraulich zu behandeln. Sie fühle sich mit ihren Arbeiten dem heutigen deutschen Ringen tief verbunden und verpflichtet und habe nur den einen Wunsch, sich in Norddeutschland wieder eine bescheidene Basis schaffen und still an ihren ernsten Werken arbeiten zu können. Sie bitte um eine regelmäßige Beihilfe. Lilienfein schickte die obligatorischen hundert Mark. Bereits ein Monat später kam aus Mühlau ein weiterer Brief. Es sei überaus schmerzhaft für sie, als deutsche Dichterin, die sich hoffentlich diesen Namen in einigen Jahren verdient haben werde – Maria war nun 56 Jahre alt –, um Hilfe bitten zu müssen. Eine Arbeit sei im Entstehen begriffen, könne aber nur gedeihen, wenn sie eine laufende Unterstützung erhalte. Ihr Sohn, der für die Gesandtschaft des Deutschen Reiches in Kopenhagen arbeite, befinde sich in einem Nervensanatorium und könne zu ihrem Unterhalt nichts mehr beitragen. Sie käme mit monatlich fünfzig Mark wohl einigermaßen über die Runden. Die Stiftung schickte einmalig hundert Mark aus der Weihnachtsverteilung.

Nach Kriegsende kehrte Maria aus Mühlau nach Deutschland zurück und zog 1953 mit Tochter Ingeborg und deren vier Kindern, die im Krieg den Vater verloren hatten, nach Mexiko zu ihrem Bruder Max. Vor der Übersiedelung will sie die Manuskripte, von denen in den Bittbriefen an die Schillerstiftung so oft die Rede war, vernichtet haben. Da sich Maria mit Max nicht gut verstand, kam sie zwei Jahre später wieder nach Deutschland und ließ sich in Großhansdorf bei Hamburg nieder. Wovon und wie sie in all diesen Jahren lebte, knapp an Geld und immer wieder von ihrer Lungenkrankheit eingeholt, darüber gibt der Nachlass keine Auskunft. Anfragen gingen bei der Schillerstiftung keine mehr ein. Maria Benemann starb 1980 im Alter von 92 Jahren im Altenheim St. Franziskus in Überlingen am Bodensee.

31

Ise Gropius, die wir als Hausfrau in Lincoln zurückgelassen haben, scheint nach den ersten Jahren der Eingewöhnung nicht nur nach Zerstreuung, sondern auch nach Erwerbsmöglichkeiten gesucht zu haben, um der ständigen Geldnot abzuhelfen. Sie vermietete Atis Zimmer, als diese aufs College ging, für 30 Dollar im Monat und überlegte, eine Stelle als Krankenschwester anzunehmen. Als Gropius dies aus Angst vor Ansteckung ablehnte, versuchte sie noch einmal, journalistisch tätig zu werden.

Sie schickte einen auf Englisch geschriebenen Artikel an *Harper's Magazine* und bedauerte, als die Redaktion den Artikel ablehnte, nicht auf Joella gehört zu haben. »Natürlich hattest Du recht mit dem Vorschlag, erst herauszufinden, was die Leute wollen und es dann für sie zu schreiben. Aber ich musste ja den schweren Weg gehen, was heißt, ich schrieb etwas und beginne nun nach einem Verleger zu suchen, der es drucken will. Das ist nicht der Weg, um Geld zu machen, ich weiß, aber ich musste es versuchen.«[143]

Sie schickte besagten Artikel an die gut vernetzte Joella, da sie hoffte, dass diese noch den einen oder anderen Redakteur wüsste, an den sie sich wegen einer Veröffentlichung wenden könnte. Sie bat Joella, den Text nicht zu sehr herumzuzeigen, da das Thema leicht von jemand anderem aufgegriffen werden könnte.

In einem späteren Interview stellte Ise ihren letzten kurzen Ausflug in den Journalismus etwas anders dar. Als ihr Artikel »Grandma was a Career Girl« vom *Atlantic Monthly* mit der Erklärung abgelehnt worden sei, man wolle die Vorstellung arbeitender und schreibender Frauen nicht begünstigen, habe sie beschlossen, ihre journalistische Karriere ein für allemal zu beenden. Eine schwache Begründung, auch wenn die Ablehnung in diesem Fall so formuliert gewesen sein mag, denn es gab in den Vereinigten Staaten, die zu den Vorreitern der Frauenemanzipation gehörten, nicht wenige schreibende Frauen. In allen Verlagskatalogen und Buchhandlungen, in allen Zeitungen und Zeitschriften waren sie zu finden, und das *Time Magazine* zählte 1939 neben Eleanor Roosevelt die Journalistin Dorothy Thompson, die bei der *New York Herald Tribune* eine eigene Kolumne schrieb, zu den einflussreichsten Persönlichkeiten der Vereinigten Staaten.

Wie auch immer, ein schwerer Autounfall im Herbst 1947 setzte allen beruflichen Ambitionen ein Ende. Ise war für zwei Jahre an Rollstuhl und Krücken gefesselt und erholte sich nur langsam. Nach ihrer Genesung
unternahm sie mit Gropius, da es ihnen aufgrund einiger größerer Aufträge finanziell zum ersten Mal gut ging, weite Reisen. Sie blieb nun für den Rest ihres Lebens »Mrs. Walter Gropius«, die ihren Mann, sein Werk und später seinen Nachlass betreute, und erreichte wie alle Frauen um Gropius – und wie er selbst – ein hohes Alter. Sie starb 1983 mit 86 Jahren.

32

Vier Leben, vier Frauen, die neben großen Unterschieden einige bemerkenswerte Gemeinsamkeiten aufweisen. Sie alle waren höhere Töchter, talentiert und künstlerisch ambitioniert. Sie alle wollten ein eigenes Werk schaffen, wussten sich aber von Herkommen und Konventionen, von dem Gedanken der Status- und Existenzsicherung durch die Ehe und von dem Vorurteil weiblicher Unfähigkeit zu großer Leistung letztlich nicht freizumachen. Sie alle waren schön, umschwärmt und dem Gesellschaftsleben zugetan und widmeten diesem die Zeit, die sie für das Werk hätten einsetzen müssen.

Die musikalisch hochbegabte Alma komponierte in jungen Jahren um die hundert Lieder und den Anfang einer Oper, verzichtete auf das

Komponieren aber, wie sie behauptete, auf Forderung Mahlers hin. Sie nahm es allerdings auch nach dessen frühem Tod nicht wieder auf – eine Schwäche, die sie ihm nie verzeihen sollte.

Die Hölzel-Schülerin Lily hatte mit ihren Bildern früh beachtliche Erfolge zu verzeichnen, nahm an größeren Ausstellungen teil, wurde von der überregionalen Presse namentlich erwähnt und ihr Kinderbuch erregte Aufsehen. Doch als sie, die schon Mutter und Ehefrau war, auch noch die Geliebte und Gehilfin von Gropius wurde, stagnierte ihr eigenes Schaffen.

Maria fühlte sich schon in jungen Jahren als Dichterin von bekannten Meistern verehrt und fand interessierte Verleger. Der frühe Tod ihres Mannes und ihre Unfähigkeit, das alltägliche Leben zu meistern oder eine dauernde und ausreichende finanzielle Unterstützung zu erlangen, ließ ihre lyrische Entwicklung ins Stocken geraten.

Ise, literarisch begabt, lektorierte in den Bauhaus-Jahren die Vorträge und Artikel ihres Mannes, für eigene Arbeiten blieb keine Zeit. Als sie es dann in den 1930er Jahren in Berlin aufs Neue versuchte, war der günstige Zeitpunkt verpasst. In den USA ließ die Sorge für Mann, Tochter, Gäste, Garten und Haushalt für eine journalistische Tätigkeit keinen Raum mehr.

Die Frauen um Gropius können also nicht durch künstlerischen Erfolg oder feministische Vorbildlichkeit glänzen. Nur allzu schnell waren sie nach Widerständen, Rückschlägen oder erster Kritik kampflos bereit, in alte Geschlechterrollen zurückzufallen, als wären ihre künstlerischen Ambitionen nicht mehr als ein Spiel gewesen, das sie von anderen Frauen und der Generation ihrer Mütter abheben sollte. Zu wenig waren sie geschaffen für Mühe und Entbehrungen, um die Widerstände von Familie und Gesellschaft und die eigene Verzagtheit überwinden zu können. Zu sehr waren sie, was die Frauenrechtlerin Hedwig Dohm einmal »Übergangsgeschöpfe« nannte, die ihren Weg zwischen alten Rollenzuschreibungen und neuem Selbstbewusstsein suchten und nicht so recht fanden.

Doch auch »Übergangsgeschöpfe« pflegen ihre Meriten zu haben. Als genuine Leistung bleibt festzuhalten, dass sie mutig genug waren, in See zu stechen und zu neuen Ufern aufzubrechen, dass sie es wagten, sich künstlerisch zu betätigen, alte Geschlechterrollen abzulehnen und neue Freiheiten, von denen andere nur träumten, zu erproben. Auch wenn sie die neuen Ufer nicht erreichten, kamen sie doch weiter als viele andere vor und nach ihnen – und dies in einer Zeit, die sie in zwei Kriegen, zwei Inflationen, zwei Währungsreformen alles verlieren ließ, mit dem sie aufgewachsen waren, Wohlstand und großbürgerliche Privilegien, ohne für ein anderes Leben gerüstet zu sein.

Anmerkungen

1 Reginald R. Isaacs, *Walter Gropius. Der Mensch und sein Werk*, Teil 1, Frankfurt/Berlin/Wien 1985, S. 52, Brief vom 3. Februar 1903.
2 Ebd., S. 54, Brief vom 28. Februar 1903.
3 Ebd., S. 56, Brief vom 5. Juli 1903.
4 Ebd., S. 62f., Brief vom 12. Mai 1905.
5 Ebd., S. 74, Brief vom 26. Juni 1906.
6 Ebd., S. 75, Brief vom 17. Juli 1906.
7 Ebd., S. 84, Brief vom 8. Januar 1908.
8 Ebd., S. 91, Brief vom 21. Oktober 1907.
9 Ebd., S. 99, Brief vermutlich Juni 1910.
10 Ebd., S. 100, Brief vermutlich Juni 1910.
11 Ebd.
12 Ebd., S. 103, Brief vermutlich Anfang September 1910.
13 Ebd., S. 103, Brief vom 21. September 1910.
14 Oliver Hilmes, *Witwe im Wahn*, München 2004, S. 106, Brief vom 11. August 1910.
15 Reginald Isaacs, *Walter Gropius*, S. 112, Brief vermutlich Mitte August 1911.
16 Ebd., S. 115f., Brief vom 3. Dezember 1912.
17 Oliver Hilmes, *Witwe im Wahn*, S. 143, Brief vom 26. Juli 1913.
18 Reginald Isaacs, *Walter Gropius*, S. 115, Brief vom 6. Mai 1914.
19 Ebd., S. 127, Brief vom 8. August 1914.
20 Ebd., S. 131, Brief vom 19. September 1914.
21 Oliver Hilmes, *Witwe im Wahn*, S. 155, Tagebuch 22. Februar 1915.
22 *Oskar Kokoschka. Briefe*, Bd. 1: *1905–1919*, hg. Olda Kokoschka/Heinz Spielmann, Düsseldorf 1984, S. 203.
23 Oliver Hilmes, *Witwe im Wahn*, S. 157, Tagebuch 8. April 1915.
24 Ebd., S. 46, Tagebuch 9. Februar 1898.

25 Reginald Isaacs, *Walter Gropius*, S. 141, Brief vermutlich Ende April 1915.
26 Ebd., S. 140f., Brief vom 16. Januar 1915.
27 Ebd., S. 148, Brief vermutlich Ende April 1915.
28 Ebd., S. 156, Brief vermutlich Ende September 1915.
29 Ebd., S. 162, Brief vom 2. Juni 1916.
30 Ebd., S. 166, Brief vom 17. August 1916.
31 Ebd., S. 176, Brief 24. April 1917.
32 Ebd., S. 165, Brief vermutlich November 1917.
33 Alma Mahler-Werfel, *Mein Leben*, Frankfurt/Main 1988, S. 20.
34 *»Immer wieder werden mich thätige Geister verlocken«: Alma Mahler-Werfels Briefe an Alban Berg und seine Frau*, hg. Martina Steiger, Wien 2008, S. 75, Brief vom 19. Juni 1918.

35 Oliver Hilmes, *Witwe im Wahn*, S. 181, Brief undatiert.
36 *»Immer wieder werden mich thätige Geister verlocken«*, S. 327, Brief vom 11. September 1918.
37 Reginald Isaacs, *Walter Gropius*, S. 179, Brief vom 22. Juni 1918.
38 Ebd., S. 190f., Brief vom 12. Februar 1919.
39 Ebd., S. 196, Brief vom 31. März 1919.
40 Alma Mahler-Werfel, *Mein Leben*, S. 131.
41 Reginald Isaacs, *Walter Gropius*, S. 219f., Brief vom 30. Mai 1919.
42 *»Immer wieder werden mich thätige Geister verlocken«*, S. 79, Brief vom 30. Mai 1919.
43 Reginald Isaacs, *Walter Gropius*, S. 224, Brief vom 12. Juli 1919.
44 Ebd., S. 228, Brief vom 24. September 1919.
45 *Simplicissimus*, Jg. 6, Heft 15/1901, S. 117.
46 Kunstschau, *Berliner Tageblatt* vom 23. August 1913.
47 *Lily Hildebrandt 1887–1974. Gemälde, Hinterglasbilder, Zeichnungen, Photographien*, Berlin 1997, S. 71.
48 Ebd.
49 Reginald Isaacs, *Walter Gropius*, S. 230, Brief vom 14. Oktober 1919.
50 Ebd., S. 232, Brief vermutlich Mitte November 1919.
51 Ebd., S. 239, Brief vom Februar 1920.
52 Oliver Hilmes, *Witwe im Wahn*, S. 190, Tagebuch 5. März 1920.
53 Reginald Isaacs, *Walter Gropius*, S. 241, Brief vermutlich spätes Frühjahr 1920.
54 Ebd., S. 237, Brief vom 19. Januar 1920.
55 Die Gedichte Maria Benemanns sind ihrem Band *Wandlungen. Gedichte*, Leipzig 1915 entnommen.

56 Maria Benemann, *Leih mir noch einmal die leichte Sandale. Erinnerungen und Begegnungen*, Hamburg 1978, S. 114.
57 Ebd., S. 117.
58 Goethe- und Schiller-Archiv (GSA) Weimar, 134/510, Bestand Benemann, Brief vom 28. September 1915.
59 Maria Benemann, *Leih mir noch einmal die leichte Sandale*, S. 160.
60 Maria Benemann, *Kleine Novellen*, Weimar 1916.
61 Maria Benemann, *Leih mir noch einmal die leichte Sandale*, S. 208.
62 Ebd., S. 219, Brief vom 7. September 1916.
63 GSA Weimar, 134/510, Bestand Benemann, Brief vom 5. Juli 1917.
64 Maria Benemann, *Leih mir noch einmal die leichte Sandale*, S. 235.

65 GSA Weimar, 134/510, Brief vom 18. Februar 1919.
66 Bauhaus-Archiv (BHA) Berlin, BHA_GS19_Mp041_01_002, Brief vermutlich März 1920. Digitalisate recherchierbar und einzusehen unter http://open-archive.bauhaus.de/.
67 BHA_GS19_Mp041_01_009, Brief 19. April 1920.
68 BHA_GS19_Mp041_01_013, Brief vom 21. Mai 1920.
69 BHA_GS19_Mp041_01_015, Brief ohne Datum.
70 BHA_GS19_Mp041_01_019-20, Brief vom 20. Juli 1920.
71 Ebd.
72 Ebd.
73 BHA_GS19_Mp041_01_022, Brief ohne Datum.
74 BHA_GS19_Mp041_01_026, Brief ohne Datum.
75 BHA_GS19_Mp041_01_032, Brief ohne Datum.
76 BHA_GS19_Mp041_01_034, Brief ohne Datum.
77 BHA_GS19_Mp041_01_038, Brief ohne Datum.
78 BHA_GS19_Mp041_01_043, Brief vom 10. September 1921.
79 BHA_GS19_Mp041_01_045, Brief ohne Datum.
80 Erich Mühsam, *Ascona und Wiedersehen mit Ascona*, Zürich 1979, S. 80.
81 Reginald Isaacs, *Walter Gropius*, S. 245, Brief vermutlich Mitte Mai 1920.
82 Ebd., S. 246f., Brief vermutlich Juni 1920.
83 Oskar Schlemmer, *Briefe und Tagebücher*, München 1958, S. 108.
84 Reginald Isaacs, *Walter Gropius*, S. 254, Brief vermutlich Ende Frühjahr 1921.
85 Ebd., S. 255, Brief vermutlich Ende Frühjahr 1921.
86 Ebd., S. 281, Brief vermutlich Dezember 1920.
87 Ebd., S. 281, Brief vermutlich Dezember 1920.
88 Hans Hildebrandt, *Die Frau als Künstlerin*, Berlin 1928, S. 107.
89 Reginald Isaacs, *Walter Gropius*, S. 467, Brief vermutlich Februar 1922.

90 Hans Hildebrandt, *Die Frau als Künstlerin*, S. 109.

91 *Lily Hildebrandt 1887–1974*, S. 68.

92 Eckhard Neumann (Hg.), *Bauhaus und Bauhäusler. Erinnerungen und Bekenntnisse*, Köln 1985, S. 158.

93 Ulrike Müller, *Bauhaus-Frauen. Meisterinnen in Kunst, Handwerk und Design*, München 2009, S. 89, Brief vom 2. September 1920.

94 Gunta Stölzl, *Weberei am Bauhaus*, in: *Offset. Buch- und Werbekunst*, 6/1926, S. 406.

95 *Lily Hildebrandt 1887–1974*, S. 72, Brief ohne Datum.

96 Reginald Isaacs, *Walter Gropius*, S. 310, Brief vom 10. Juli 1923.

97 Ebd., S. 310, Brief vom 10. Juli 1923.

98 Ebd., S. 311, Brief vom 15. Juli 1923.

99 *»Immer wieder werden mich thätige Geister verlocken«*, S. 110, Brief Anfang September 1923.

100 Reginald Isaacs, *Walter Gropius*, S. 322, Brief vom 14. März 1924.

101 Nina Kandinsky, *Kandinsky und ich*, München 1999, S. 98.

102 Reginald Isaacs, *Walter Gropius*, S. 336, Brief vom 28. September 1924.

103 Ebd., S. 337, Brief vermutlich Ende September 1924.

104 Ebd.

105 Ebd., S. 343, Brief vom 4. Oktober 1924.

106 Ebd., S. 343, Brief vermutlich Oktober 1924.

107 Fritz Hesse, *Von der Residenz zur Bauhausstadt. Erinnerungen an Dessau*, Bad Pyrmont 1964, S. 212.

108 BHA_GS19_Mp420_01_001, Brief vermutlich Juni 1925.

109 Gunta Stölzl, *Bauhaus-Meister*, hg. Monika Stadler und Yael Aloni, Ostfildern 2009, S. 79.

110 *Leben am Bauhaus. Die Meisterhäuser in Dessau*, hg. Bayerische Vereinsbank, München 1993, S. 108.

111 BHA_GS19_Mp444_01_004, Brief vom 4. Mai 1927.

112 BHA_GS19_Mp029_01_001, Brief vom 12. Januar 1928.

113 BHA_GS19_Mp515_01_002, Brief vom 20. Februar 1928.

114 Harry Graf Kessler, *Das Tagebuch*, Neunter Band: *1926–1937*, Stuttgart 2010, S. 369.

115 Patrick Rössler, *Herbert Bayer: Die Berliner Jahre – Werbegrafik 1928–1938*, Berlin 2013, Brief vom 3. Juni 1932.

116 Reginald Isaacs, *Walter Gropius. Der Mensch und sein Werk*, Bd. 2, Frankfurt/Berlin/Wien 1986, S. 597, Brief vom 13. September 1931.

117 Ebd., S. 601, Brief vom 10. Oktober 1931.
118 BHA_GS19_Mp064_01_003, Brief vom 4. November 1931.
119 BHA_GS19_Mp064_01_004, Brief vom 20. November 1931.
120 BHA_GS19_Mp064_01_007, Brief vom 16. Dezember 1931.
121 Reginald Isaacs, *Walter Gropius*, S. 604, Brief vom 3. Juli 1932.
122 Patrick Rössler, *Herbert Bayer*, S. 38, Brief vom 3. Juni 1932.
123 Reginald Isaacs, *Walter Gropius*, S. 605f., Brief vom 5. Juli 1932.
124 Ebd., S. 606, Brief vom 23. Juli 1932.
125 Patrick Rössler, *Herbert Bayer*, S. 95, Brief vermutlich Februar 1935.
126 Ebd., S. 95, Brief vermutlich März 1935.
127 Reginald Isaacs, *Walter Gropius*, S. 760, Brief vom 3. November 1935.

128 BHA_GS19_Mp064_01_032, Brief vom 25. Januar 1935.
129 Ludwig Marcuse, *Mein zwanzigstes Jahrhundert. Auf dem Weg zu einer Autobiographie*, Zürich 1975, S. 177f.
130 Patrick Rössler, *Die neue Linie 1929–1943. Das Bauhaus am Kiosk*, Bielefeld 2007, S. 88.
131 Reginald Isaacs, *Walter Gropius*, S. 853f., Brief vom 17. April 1937.
132 BHA_GS19_Mp032_02_001, Brief vom 15. März 1942.
133 BHA_GS19_Mp032_02_013, Brief vom 27. Oktober 1943.
134 Oliver Hilmes, *Witwe im Wahn*, S. 383.
135 Ebd., S. 398, Brief vom 17. August 1958.
136 Reginald Isaacs, *Walter Gropius*, S. 871, Brief vom 14. November 1937.
137 Ebd., S. 871, Brief vom 19. Januar 1939.
138 Stadtarchiv Stuttgart, Nachlass Lily Hildebrandt, 2029-10.
139 Deutsches Literaturarchiv Marbach (DLA), Nachlass Bruno Adler, 74.6188/3, Brief vom 12. September 1946.
140 BHA_GS19_Mp277_01_025, Brief vom 3. Mai 1958.
141 GSA Weimar, 134/510, Brief vom 3. Juni 1927.
142 DLA, Nachlass Maria Benemann, 89.16.203/1.
143 BHA_GS19_Mp033_02_003, Brief vom 16. April 1944.

Ursula Muscheler, promovierte und praktizierende Architektin, lebt in Düsseldorf. Zahlreiche Veröffentlichungen, bei Berenberg »Möbel, Kunst und feine Nerven. Henry van de Velde und der Kultus der Schönheit 1895–1914« (2012), »Gruppenbild mit Meister. Le Corbusier und seine Mitarbeiter« (2014) und zuletzt »Das rote Bauhaus. Eine Geschichte von Hoffnung und Scheitern« (2016).

Konzeption|Gestaltung: Antje Haack | www.lichten.com
Satz|Herstellung: Büro für Gedrucktes, Beate Mössner
Abbildungen: Einbandvorderseite von ullsteinbild; Einbandrückseite, Frontispiz, S. 12 und 18 von akg-images; S. 7 und 50 von Bauhaus-Archiv Berlin; S. 67 von Anita Rée: Bildnis Maria Benemann, 1916, © Privatbesitz, Foto: Christoph Irrgang; S. 90 und 101 von Bauhaus-Archiv Berlin/Lucia Moholy © VG Bild-Kunst Bonn; S. 116 von Bauhaus-Archiv Berlin/Ise Gropius © VG Bild-Kunst Bonn; S. 125 von Bauhaus-Archiv Berlin/Ise Gropius
Reproduktion: Frische Grafik, Hamburg
Druck und Bindung: Elbe Druckerei Wittenberg, Lutherstadt Wittenberg
Printed in Germany
ISBN 978-3-946334-41-5